Was muss sich ein wirtschaftender Arzt von seiner Kammer sagen lassen?

buch & media

Weitere Informationen über den Verlag und sein Programm unter:
www.buchmedia-publishing.com

Juni 2018

Umschlaggestaltung: Franziska Gumpp
Printed in Germany
ISBN 978-3-95780-131-9

Klaus Becker

Was muss sich ein wirtschaftender Arzt von seiner Kammer sagen lassen?

Zur Eingrenzung der erwerbsorientierten Betätigung von Ärzten durch Berufs-, Kammer- und Standesrecht

Inhalt

Vorwort

Der vorliegende Text basiert auf der Masterarbeit, die der Autor zur Erfüllung seiner Prüfungsverpflichtungen im berufsbegleitenden Postgraduierten-Studiengang »Master of Health Business Administration« (MHBA) 2017 am Lehrstuhl für Gesundheitsmanagement der Friedrich-Alexander-Universität in Erlangen-Nürnberg (Lehrstuhlinhaber: Prof. Dr. Oliver Schöffski, MPH) vorgelegt hat und die dort mit der Note 1,0 bewertet wurde.

Die Veröffentlichung ist erneut liebevoll gewidmet seiner Ehefrau Susanne, die auf die Frage, ob ihr auch dieses Büchlein zugedacht werden könne, mit der ihr eigenen Empathie geantwortet hat: »Noch mal?«
Das nächste Buch der Reihe wird nun wohl lauten: Was muss sich ein Chefarzt von seiner Ehefrau sagen lassen …?

Alle Darstellungen, Verweise und Einschätzungen basieren auf gewissenhafter eigener Recherche, wiederholter, auch externer Kontrolle und dem ehrlichen Bemühen um Objektivität. Dennoch kann in diesem Text keine Gewähr für die Richtigkeit der hierin gemachten Angaben übernommen werden. Auch auf dem widersprüchlichen und von zahlreichen Trends durchzogenen Feld der Gesundheitswirtschaft bedarf es immer der sorgfältigen eigenen, individuell abwägenden Beurteilung unter Berücksichtigung charakteristischer Besonderheiten.

Sämtliche Abbildungen sind der Bilddatenbank *pixabay* entnommen und gemeinfrei nach der Verzichtserklärung Creative Commons CC0. Sie können somit kostenlos für beliebige Anwendungen und ohne Nennung der Quelle verwendet werden.

Die in der vorliegenden Arbeit verwendeten Geschlechterbezeichnungen sind der besseren Lesbarkeit und erwünschten Textkürze wegen und ohne jegliche Wertung im Zweifel männlich angegeben, auch wenn sich die jeweils gemachten Aussagen inhaltlich auf beide Geschlechter beziehen (können).

1 Einführung

Das unternehmerische, primär gewinnorientierte, also explizit erwerbswirtschaftliche Handeln eines Arztes spielt sich in einem engen rechtlichen Rahmen ab: Über die Normen, die für einen originären Marktteilnehmer ohnehin gelten, hinaus umfasst dieser Rahmen auch spezifische Regelungen seines freien und verkammerten Berufes. Die Abgrenzung seiner sozial motivierten, dem **Gemeinwohl** verpflichteten (und hier vorwiegend freiberuflichen) Tätigkeit von seiner vermögensorientierten, **eigennützigen** (und hier eher gewerblichen) Betätigung ist dabei nicht immer einfach und klar.[1]
Begrenzt wird die erwerbswirtschaftliche, eigennützige ärztliche Betätigung zunächst durch das allgemeine **Zivil- und Vertragsrecht**[2], dann durch die spezifischen Normen des **Sozialrechts** und die damit verbundene, relevante Sozialrechtsprechung (insbesondere im Hinblick auf die Partizipation der Ärzte am staatlich reglementierten System der gesetzlichen Krankenversicherung GKV) und darüber hinaus auch durch das **Strafrecht**[3]. Weitere charakteristische Begrenzungen finden sich schließlich im ärztlichen **Berufs-, Kammer- und Standesrecht.**
Während erstere Rechtsgebiete noch eigenständig definiert und formal sowie inhaltlich weitgehend autonom ausgearbeitet sind, ist das Berufsrecht[4] nicht in einem eigenen Gesetzbuch kodifiziert. Es setzt sich vielmehr aus den Bestimmungen der übrigen Gesetzeswerke so zusammen, dass diesbezüglich eher von übergreifenden normativen Berufszugangs- und -ausübungsregeln gesprochen werden sollte.[5]

Obgleich rechtlich formal von einander geschieden und nur auf die Zielgruppe der niedergelassenen Vertragsärzte im System der kollektiven nationalen Gesundheitsversorgung ausgerichtet, ist auch das **Vertragsarztrecht** als erwerbswirtschaftlich relevantes Berufsrecht im weiteren Sinne zu interpretieren, da die Erlöse aus dieser marktlichen Betätigung üblicherweise den weit überwiegenden Anteil ärztlicher Einkünfte (wenigstens in der freien Praxis) ausmachen.
Bereits 1987 hat das BSG hierzu entschieden, dass die Ausübung kassenärztlicher Tätigkeit als Erfüllung einer besonderen öffentlich-rechtlichen Aufgabe bedeutet, dass allgemeine berufsrechtliche Pflichten den speziellen Erfordernissen kassenärztlicher Tätigkeit vorausgehen und zugleich Bestandteil von dessen Pflichtenkatalog sind (»Gebundenheit der kassenärztlichen Tätigkeit an die Normen des allgemein-ärztlichen

---

1 Vgl. analog hierzu die Rechtsfigur des »Ehrbaren Kaufmanns«, Lilja (2016).

2 V. a. hinsichtlich seiner Behandlertätigkeit von Selbstzahler- oder Wahlleistungspatienten.

3 Exemplarisch sei auf das berufsspezifische sog. »Antikorruptionsgesetz« vom 04.06.2016 verwiesen, vgl. hierzu z. B. Großkopf (2016) und Wohlfart (2017).

4 Das im Folgenden – soweit nicht ausdrücklich anders angegeben – zusammenfassend und stellvertretend für das gesamte Rechtsgebiet des Berufs-, Kammer- und Standesrechts steht.

5 Vgl. hierzu z. B. auch die gesetzbuchübergreifenden Normen des Kartell- und Datenschutzrechts.

Berufsrechts«).[6] Beider Anforderungen sind nach der Rechtsprechung des BVerfG wiederum nicht deckungsgleich. Die Besonderheiten des Vertragsarztrechts können insbesondere Einschränkungen rechtfertigen, die über das Berufsrecht noch hinausgehen.[7] »Bei Überschneidungen sei grundsätzlich das Berufsrecht vorrangig. Das Vertragsarztrecht werde dadurch jedoch nicht verdrängt oder außer Kraft gesetzt. Die Ausgestaltung der ärztlichen Berufsausübung durch die Berufsordnungen konkretisiere lediglich die vertragsärztliche Leistungserbringung.«[8]
Grundsätzlich gilt also: Berufsrecht geht vor Vertragsarztrecht. Letzteres lässt sich aus der vorliegenden ökonomischen Betrachtung jedoch nicht vollständig und sinnvoll ausklammern und wird daher in seinen berufsrechtlich relevanten Bezügen berücksichtigt. Während das originäre Kammer- und Standesrecht durch die Ärztekammern ausformuliert wird, obliegt die praktische Umsetzung des Vertragsarztrechts (auch) den **Kassenärztlichen Vereinigungen**. Eine scharfe Trennung ist hier nicht immer möglich.

Die vorliegende Untersuchung nimmt dem gegenüber keinen oder nur kursorischen Bezug auf spezielle medikolegale Konstellationen wie das **Beamtenrecht** (z. B. bei medizinischen Universitätsprofessoren oder Ärzten im Gesundheits- bzw. Strafvollzugsdienst) oder bei besonderen ärztlichen **Funktionen**, z. B. als staatliche Beliehene[9] (wie im Gutachterwesen oder als Weiterbildungsermächtigte). Sie berücksichtigt ebenfalls nur am Rande das **Steuer**- und das **EU-Recht** (z. B. im Hinblick auf die Umsatzsteuerpflicht ärztlicher Tätigkeit oder die grenzüberschreitende Berufsausübungsfreiheit)[10].
Fokussierend beschäftigt sie sich nicht nur mit den grundsätzlichen »erwerbswirtschaftlichen Beschränkungen« des Arztes, die auf eine **freiberufliche** Tätigkeit allgemein Anwendung finden (z. B. Zwang zur persönlichen Leistungserbringung, Werbeverbote), sondern prioritär auch mit solchen, die spezifischer für die ärztliche Berufsgruppe (z. B. das Korruptionsverbot im Gesundheitswesen[11]) gelten. Sie konzentriert sich innerhalb des weitverzweigten Netzwerkes rechtlicher Reglementierung also wesentlich auf jene berufsrechtlichen Maßgaben, die Ärzte ausschließlich oder in besonderem Maße betreffen.
Pragmatisch nimmt sie darüber hinaus ganz überwiegend Bezug auf den Arzt in eigener, **»freier« Praxis** und vernachlässigt somit weitgehend die **arbeitsrechtlichen** Implikationen einer haupt- oder nebenberuflichen erwerbswirtschaftlichen Tätigkeit angestellter Ärzte.

---

6 BSG, Urteil vom 27.10.1987, Az. 6 RKa 34/86.

7 BVerfG, Urteil vom 16.07.2004, Az. 1 BvR 1127/01.

8 Montgomery (2015), S. 555.

9 Die Beleihung ist eine informelle Rechtsfigur, bei der i. S. mittelbarer Staatsverwaltung staatliche Hoheitsrechte bzw. Aufgaben der öffentlichen Verwaltung auf juristische oder natürliche Personen bzw. Vereinigungen übertragen werden, vgl. https://de.wikipedia.org/wiki/Beleihung.

10 Vgl. hmk/rike (2017), S. 22.

11 Vgl. zur Übersicht Großkopf (2016), Wohlfart (2017).

Die Arbeit berücksichtigt schließlich noch folgende, selbst gewählte **Beschränkungen**: Sie konzentriert sich auf die primär gewinnorientierte erwerbswirtschaftliche Tätigkeit des Arztes und lässt (eigen-)bedarfswirtschaftliche Subsistenz- und Non-Profit-Aktivitäten[12] außer Acht. Sie ist schließlich ausdrücklich als **wirtschaftswissenschaftliche** und nicht als juristische oder rechtspolitische Analyse intendiert.

Als Grund für die starke berufsrechtliche Reglementierung der erwerbswirtschaftlichen ärztlichen Tätigkeit wird die öffentliche Schutzpflicht gegenüber einer nicht hinreichend informierten Bevölkerung in einem asymmetrischen Markt genannt.[13] Dass die verfassungsrechtlich garantierte Berufsfreiheit von Ärzten durch verschiedene Berufsausübungsregeln überhaupt eingeschränkt wird, ist umgekehrt »nur soweit zulässig, wie sie Gemeinwohlinteressen schützen.«[14]

Die Annahme eines »asymmetrischen Marktes« stützt sich grundsätzlich auf das Vorliegen einer sog. **Principal-Agent-Beziehung** zwischen behandelndem Arzt und zu behandelndem Patienten, die u. a. das Fehlen eines umfassend informierten, souveränen und rational agierenden Nachfragers impliziert und einen rechtlichen Ausgleich von ein- und wechselseitigen Wissensvorsprüngen und wirtschaftlichen Bevorzugungen (»double moral hazard«) erfordert.

Darüber hinaus fehlt im tarifierten öffentlichen Gesundheitsmarkt die objektive **Preisinformations- und -ausgleichsfunktion**, die charakteristisch für effiziente Märkte ist und dort die bestmögliche Allokation und Distribution von Ressourcen gewährleisten soll.[15] Patienten konsumieren außerdem Gesundheitsleistungen nicht erst dann, wenn ihr unterstellter Nutzen dem verlangten Preis entspricht. Während Vorsorge in ihrer individuellen Bedeutung gerne unterschätzt wird, gilt z. B. bei Krankheit umgekehrt: »Der Wert der Gesundheit, d. h. die individuelle Zahlungsbereitschaft, steigt bei Krankheit aus individueller Sicht oft ins Unermessliche.«[16] In der Bedürfnispyramide nach Maslow[17] ist der Wunsch nach guter Gesundheit zu Recht als physiologisch oder existentiell eingestuft. Gleichzeitig ist die **Preissensibilität** wenigstens gesetzlich versicherter Patienten durch das Vorhandensein externer Kostenträger und eine i. d. R. fehlende eigene Preisinformation gering ausgeprägt; sie verhalten sich daher oftmals egoistisch nutzenmaximierend.

Nach der **wohlfahrtsökonomischen Theorie** soll der Staat oder ein andersartiges einvernehmliches kollektives Handeln (z. B. mittels Selbstverwaltung oder Verbänden)

---

12 Vgl. https://de.wikipedia.org/wiki/Subsistenzwirtschaft, vgl. das wirtschaftliche Selbstverständnis von Non-Profit-Organisationen, die ihren Bestand, ihre Arbeit und ihre Zukunftsfähigkeit sichern müssen, darüber hinaus aber keine wesentlichen Rücklagen bilden (dürfen).

13 Vgl. Deppe (2002), S. 16: »Das Gesundheitswesen gilt deshalb auch in der Ökonomie als ein Beispiel für die Theorie des Marktversagens.«

14 Halbe (2017), S. B–374.

15 Vgl. Fölsing (2017), S. 16.

16 Henke (2006), S. 118.

17 Vgl. MHBA-Text 6, S. 4–6, MHBA-Text 1, S. 5.

dieses unterstellte Marktversagen bei dem »besonderen Gut« Gesundheit durch angemessene regulierende Eingriffe fair ausgleichen, zu denen eben auch berufsrechtliche Normen zählen.[18] Dies ist wertstiftend, denn es gilt: »Menschen sparen Transaktionskosten, wenn sie ihr Zusammenleben rechtsstaatlich ordnen.«[19]

Die vorliegende Arbeit behandelt – im Anschluss an themenbezogene **Begriffsbestimmungen** mit ihren Unterschieden und Schnittmengen – zunächst mögliche erwerbswirtschaftliche **Formen** der unternehmerischen[20] (freiberuflichen ebenso wie gewerblichen) Tätigkeit von Ärzten und sodann die grundsätzlichen wirtschaftlichen **Einflussmöglichkeiten** des Gesetzgebers und der Ärztekammern als **funktionaler Selbstverwaltung**.
Gerade letztere setzt im Rahmen ihrer Normgebungskompetenz wichtige, wenn nicht entscheidende Marktzugangs- und -ordnungsregeln für ihre (Zwangs-) Mitglieder. Die Untersuchung orientiert sich dann in ihrer Darstellung – analog der **Wertschöpfungskette** von Unternehmen – an den Abschnitten Entwicklung, Beschaffung, Produktion, Vertrieb und Marketing im Hinblick auf diese erwerbswirtschaftliche ärztliche Tätigkeit.

Neben ihren marktlichen Einschränkungen beschäftigt sich die Untersuchung ergänzend auch mit der **berufsrechtlichen Privilegierung** ärztlicher Tätigkeit, zumeist als Ausfluss der ärztlichen Therapiefreiheit und Garantenstellung. Die Analyse schließt mit einer abwägenden Bewertung der faktischen ärztlichen Sonderstellung im Wirtschaftsprozess und ihrer tatsächlichen Notwendigkeit bzw. Sinnhaftigkeit vor dem Hintergrund aktueller ökonomischer und politischer Entwicklungen: »Die Ökonomik sucht nach dem ökonomischen Sinn und der ökonomischen Rechtfertigung von Gesetzeswerken, weil Ökonomen eine gewisse Skepsis über die Entstehung dieser institutionellen Arrangements gemein ist.«[21]

---

[18] Vgl. MHBA-Text 35, S. 16–19.

[19] Schmidt-Trenz (2007), S. 12.

[20] Vgl. z. B. https://de.wikipedia.org/wiki/Unternehmer, MHBA-Text 1, S. 29–30.

[21] Schmidt-Trenz (2007), S. 11.

2 Begriffsbestimmungen und ihre Abgrenzung

2.1 Unternehmer, »freier« Beruf und Gewerbe

Jeder Arzt ist in einer modernen, interaktiven Gesellschaft immer auch wirtschaftlich tätig: als Produzent (Subjekt) ebenso wie als Konsument (Objekt) vielfältiger (im)materieller Leistungen und Produkte. Er ist somit auch Unternehmer im Sinne des § 2 Abs. 1 UStG, da er eine nachhaltige selbständige Tätigkeit mit Gewinnerzielungsabsicht ausübt.[22] Die Charakteristika des speziellen marktwirtschaftlichen Betriebstyps eines **Unternehmers**[23] erfüllt der wirtschaftende Arzt i. d. R. jedoch nur eingeschränkt: Zwar befinden sich die notwendigen Produktionsmittel zumeist in seinem Privateigentum, er verfügt jedoch – jedenfalls im öffentlich-rechtlichen GKV-System – nicht über eine ausreichende betriebliche Autonomie und ihm ist es – wie nachfolgend erläutert werden wird – gerade aus berufsrechtlicher Sicht nicht gestattet, dem erwerbswirtschaftlichen Prinzip der Gewinnmaximierung schrankenlos und eigennützig zu folgen.

Der Begriff des **»freien« Berufes** entstammt dem antiken Begriff der »artes liberales«: »Es handelte sich dabei um Kenntnisse und Fähigkeiten **höherer Art**, die man sich um ihrer selbst willen aneignete oder im Rahmen persönlicher Diensttätigkeiten als Freundschaftsdienst bzw. in Ausübung eines Amtes anwandte.«[24] Diese Begriffsabgrenzung beinhaltet also schon historisch eine betont soziale bzw. solidarische, **fremd- oder gemeinnützige**, also dem Gemeinwohl verpflichtete Komponente.[25]
Heute wird darunter ein selbständig ausgeübter wissenschaftlicher, künstlerischer, schriftstellerischer oder erzieherischer Beruf[26] verstanden, der zumeist immaterielle, unmittelbare und einmalige Wirtschaftsgüter[27] vertreibt. Eine einheitliche **Definition** des freien Berufes findet sich jedoch in keinem Gesetz.[28] Uneinheitliche Legaldefinitionen und Enumerativkataloge beinhalten z. B. § 18 Abs. 1 Alt. 1 EStG und § 1 Abs. 2 PartGG. Der Normgeber formuliert es so: »Voraussetzung ist, dass er [der Freiberufler] auf Grund eigener Fachkenntnisse leitend und eigenverantwortlich tätig wird.«[29] Die ursprüngliche gemeinschaftssolidarische oder altruistische Eigenschaft findet sich hier also nicht mehr.

---

[22] Ulbricht (2008), S. 89.

[23] Vgl. MHBA-Text 1, S. 29–30, MHBA-Text 5, S. 4–9.

[24] Gesellensetter (2007), S. 30.

[25] Vgl. https://de.wikipedia.org/wiki/ Freier_Beruf_(Deutschland) und Wolfgang Ewer, Präsident des Bundesverbandes der Freien Berufe: »Die Freien Berufe sind mehr als Ökonomie und Zahlen, das Gemeinwohl ist es, das uns ausmacht.«, in: Frankfurter Allgemeine Zeitung, 23.06.17, 143, S. 20.

[26] Vgl. https://de.wikipedia.org/wiki/Freier_Beruf_(Deutschland).

[27] MHBA-Text 1, S. 6.

[28] Gesellensetter (2007), S. 30.

[29] § 18 Abs. 1 Alt. 1 S. 3 Halbsatz 2 EStG.

Pragmatisch orientiert sich die Rechtsfigur des »freien Berufes« v. a. an ihrer **Abgrenzung** gegenüber dem Gewerbe, z. B. in § 6 Abs. 1 GewO oder spezieller in § 1 Abs. 2 BÄO.[30] In Anlehnung an die GewO ist dabei »ein **Gewerbe** (...) jede erlaubte, selbständige, nach außen gerichtete oder erkennbare Tätigkeit, die planmäßig, für eine gewisse Dauer und zum Zwecke der Gewinnerzielung ausgeübt wird und kein freier Beruf ist.«[31] Da eine freiberufliche Tätigkeit kein Gewerbe darstellt, unterliegt sie in logischer Konsequenz weder der Gewerbeordnung noch der Gewerbesteuer. Während ein »freier Beruf« also als dem **Gemeinwohl** verpflichtet angesehen wird[32] und dafür von staatlicher Seite wirtschaftliche Sicherung erfährt, indem er in einem gewissen Umfang vor marktlichem Wettbewerb geschützt ist, wird der gewerbliche Unternehmer als zweckrational und **eigennützig** verstanden, der allerdings auch auf eigenes wirtschaftliches Risiko handelt. Während ein Arzt die ihm übertragenen, öffentlich erforderlichen und begünstigten Aufgaben nur unterschiedlich ausfüllen, nicht aber grundsätzlich verändern kann und hierbei Normen unterworfen ist, genießt der freie (produzierende) Unternehmer eine verfassungsrechtlich garantierte Gewerbefreiheit.

Die (Muster-) Berufsordnung für die in Deutschland tätigen Ärztinnen und Ärzte sagt in § 1 Abs. 1 S. 1 und 2: »Der ärztliche Beruf ist kein Gewerbe. Er ist seiner Natur nach ein freier Beruf.« Anschaulich charakterisiert dies auch das OVG NRW[33]: Der Arztberuf »wird vielmehr, obwohl er die Merkmale des Gewerbes (eine erlaubte, auf Dauer angelegte, selbständige und mit Gewinnerzielungsabsicht betriebene Tätigkeit) durchaus erfüllt, – in Abgrenzung hiervon – allgemein als sogenannter freier Beruf angesehen, der im Wesentlichen durch die Merkmale wirtschaftliche Selbständigkeit, qualifizierte Ausbildung oder schöpferische Kreativität, persönliche Erbringung ideeller Leistungen, Wissensgefälle zum Auftraggeber sowie altruistische und nicht gewinnorientiert egoistische Motivation gekennzeichnet ist.«
Dem Arzt ist »eine gewerbliche Betätigung nicht schlechthin verboten (...). Der Gesetzgeber, dem die rechtliche Ordnung von Berufsbildern obliegt, hat nämlich davon abgesehen, eine ärztliche und eine gewerblich unternehmerische Tätigkeit generell für unvereinbar zu erklären. (...) Nicht zuletzt durch die privatärztlich abzurechnenden

---

30 Vgl. Gesellensetter (2007), S. 30, Emminger (2010), S. 3–4, Handelskammer Hamburg, »Abgrenzungskriterien Gewerbebetrieb – freie Berufe«, Nr. 10 806, https://www.hk24.de/produktmarken/beratung-service/recht_und_steuern/steuerrecht/real_kommunale_steuern/abgrenzung-gewerbebetrieb-freie-berufe/1157144, Abruf am 18.05.2018.

31 Vgl. https://de.wikipedia.org/wiki/Gewerbe, Abruf am 16.12.16, Schulenburg (2015), S. 18, MHBA-Text 4, S. 8–9.

32 Vgl. § 1 Abs. 1 S. 1 MBO-Ä: »Ärztinnen und Ärzte dienen der Gesundheit des einzelnen Menschen und der Bevölkerung.«

33 OVG NRW, Urteil vom 18.02.2009, Az. 6t A 1456 / 05.T, Rn. 34, 40, 42.

›individuellen Gesundheitsleistungen‹ (IGeL) ist ohnehin seit Jahren eine gewisse **Kommerzialisierung** des Arztberufes feststellbar.«[34]
Auch nach § 3 Abs. 1 MBO-Ä ist Ärzten eine gewerbliche Tätigkeit berufsrechtlich grundsätzlich gestattet, sofern sie nicht den ethischen Grundsätzen des ärztlichen Berufes zuwiderläuft oder unlauter ist.[35] In der relevanten Rechtsprechung »wurde das sogenannte Trennungsgebot entwickelt, wonach eine gewerbliche Tätigkeit zulässig ist, wenn sie von der freiberuflichen ärztlichen Tätigkeit in zeitlicher, organisatorischer und wirtschaftlich-rechtlicher Hinsicht getrennt ausgeübt wird.«[36]

Von praktischer Bedeutung ist die Abgrenzung des »freien Berufes« vom Gewerbe v. a. im **Steuerrecht**. Freiberufler sind vom Gesetzgeber – begründet durch deren (unterstellt) gemeinnützige Arbeit – von der Anmelde- und Gewerbesteuerpflicht sowie verschiedenen öffentlichen Berichtspflichten befreit.[37] Für Ärzte besteht darüber hinaus eine weitere steuerliche Privilegierung in der **Befreiung von der Umsatzsteuerpflicht** als Ausnahmetatbestand nach § 4 Nr. 14a UStG, jedenfalls soweit ihre Heilbehandlung der »Feststellung, Heilung oder Linderung von Krankheiten, Leiden oder Körperschäden beim Menschen dienen«.[38]
Von besonderer Bedeutung ist hierbei die steuerschädliche **»Abfärbetheorie«** der gewerblichen Teiltätigkeit auf die überwiegende freiberufliche Tätigkeit:[39] Lässt sich die gewerbliche Tätigkeit eines Arztes organisatorisch nicht eindeutig von seiner freiberuflichen Betätigung abgrenzen, so besteht die Gefahr einer Gewerbesteuerpflicht auch für seine freiberuflichen Einkünfte. Der Gestaltung eines Gesellschaftervertrags kann hier besondere Bedeutung zukommen.
Für das **Berufs- und Kammerrecht** hat diese Abgrenzung jedoch keine wesentliche Relevanz. Ärzten ist eine freiberufliche ebenso wie eine gewerbliche[40] Tätigkeit nach deren Normen grundsätzlich gestattet.

Ein »freier Beruf« kann schließlich auch »im Rahmen eines **wirtschaftlichen Abhängigkeitsverhältnisses** verrichtet werden, solange spezifische Berufshandlungen nicht von (fachlichen) Weisungen des Arbeitgebers abhängen«[41] (wie dies mindestens für

---

34 Vgl. Laufs (2010), S. 175.

35 Vgl. http://www.anwaltzentrale.de/rechtsanwalt_fachartikel/fachartikel_detail.php?id=7, Abruf am 08.07.2017.

36 Pflugmacher (2014), S. 1, vgl. auch http://www.anwaltzentrale.de/rechtsanwalt_fachartikel/fachartikel_detail.php?id=7, Abruf am 09.07.2017.

37 Vgl. z. B. Oberländer (2014), S. 1–3, Griesbach (2015), S. 2–4, Schulenburg (2015), S. 18.

38 Ulbricht (2008), S. 89, nach dem Schreiben des Bundesfinanzministeriums vom 10.07.1969, Bundessteuerblatt I 1969, S. 373, Abschnitt I Abs. 3.

39 Schulenburg (2015), S. 18, vgl. zur Grenze: BFH, Urteil vom 27.08.14, Az. VIII R 6 / 12, http:// www. anwaltzentrale.de/rechtsanwalt_fachartikel/fachartikel_detail.php?id=7, Abruf am 09.07.2017.

40 Z. B. der Verkauf von Nahrungsergänzungsmitteln, medizinischen Hilfsmitteln oder nicht selbst verfassten Büchern, vgl. Kluth (2004), Frehse (2006), S. 55, Schulenburg (2015), S. 18.

41 Gesellensetter (2007), S. 32, vgl. auch Mihm (2017), S. 16.

leitende Ärzte grundsätzlich der Fall ist[42]), oder wenn selbständige Ärzte ärztliche Leistungen durch **angestellte Ärzte** erbringen lassen, dabei aber aufgrund eigener Fachkenntnis leitend und eigenverantwortlich tätig bleiben.[43]

2.2 Erwerbswirtschaftliche Tätigkeit

Max Weber stellte 1922 erstmals die **Erwerbswirtschaft** der **Bedarfswirtschaft** gegenüber[44] und beschrieb sie als eine Form wirtschaftlicher Betätigung, die sich vor dem Hintergrund der Knappheit von Gütern an der Gewinnerzielung (und nicht allein an der Deckung des eigenen, persönlichen Bedarfs) orientiert.[45] Bei **Gewinnerzielungsabsicht** ist wiederum zwischen Gewinnmaximierung und angemessener Kostendeckung (Angemessenheitsprinzip der Gewinnerzielung) zu unterscheiden.[46] Auch ein Arzt ist durch seine Integration in eine Wirtschaftsgemeinschaft immer ein wirtschaftlich handelndes Subjekt. Als solches ist er gezwungen, zur Deckung seines persönlichen Bedarfs nutzbringende Güter zu produzieren und (im Regelfall geldlich) mit anderen Mitgliedern der Wirtschaftsgemeinschaft auszutauschen. »Erwerbswirtschaftliche Tätigkeit« meint hingegen die unternehmerische, also im Regelfall die selbständige Betätigung zur Erzielung eines möglichst hohen eigenen Gewinns und die **Vermehrung persönlichen Vermögens**. Sie ist zunächst unabhängig von der steuerlichen Bewertung einer solchen Betätigung und vom sozialen Anspruch der beruflichen Tätigkeit.

Es ist letztlich selbsterklärend, dass der Arzt sowohl als Freiberufler wie als Unternehmer auf Dauer wirtschaftlichen Gewinn erzielen muss, um die Überlebensfähigkeit seines Unternehmens und den eigenen Lebensunterhalt zu sichern. Betriebswirtschaftliches Verständnis und betriebswirtschaftliche Kennzahlen sind hierfür essentiell.[47] Dieses grundsätzlich legitime Verlangen eines egoistisch handelnden wirtschaftlichen Marktteilnehmers kollidiert im ärztlichen Beruf mit dem ihm nicht spezifischen, aber überwiegend zugeschriebenen **altruistischen Anspruch** und soll durch Berufs-, Kammer- und Standesrecht gesellschaftskonform eingehegt werden. Abstrakt formuliert sollen dadurch die subjektive Verwirklichung des »ökonomischen Prinzips« und die gesell-

---

42 BVerfGE 16, 286, 294 = NJM 1963, 1667, 1668, BAGE 11, 225 = NJW 1961, 2085, vgl. Laufs (2010), S. 141.

43 Schulenburg (2015), S. 18, vgl. § 19 Abs. 1 MBO-Ä, BFH, Urteil vom 16.07.2014, Az. VIII R 41 / 12.

44 Weber (1922), § 1. Wesen der Wirtschaft. Wirtschafts-, wirtschaftende und wirtschaftsregulierende Gemeinschaft, http://www.textlog.de/7766.html, Abruf am 18.12.2016.

45 Vgl. https://de.wikipedia.org/wiki/Erwerbswirtschaft, Abruf am 18.12.2016.

46 Thommen, in: http://wirtschaftslexikon.gabler.de/definition/erwerbswirtschaftliches-prinzip-33997, Abruf am 18.05.2018.

47 Vgl. http://www.schupp-heiny.de/blog/wichtigste-kennzahlen-arztpraxis, Abruf am 23.12.2016, hier z. B. Umsatz- und Cash Flow-Rendite, Entschuldungskraft, Personalkostenquote, Sofortliquidität, Mitarbeiterproduktivität, Umsatz je Arztstunde und Rendite des Betriebsvermögens.

schaftlich (also: extern) erhobenen Qualitätsansprüche an die ärztliche Tätigkeit miteinander vereinbar gemacht werden.[48]

2.3 Berufs- und Standesrecht

Das ärztliche **Berufsrecht** ist nicht in einem einheitlichen Gesetzbuch kodifiziert, sondern setzt sich zusammen bzw. erschließt sich konkludent aus zahlreichen Regelungen des Bundes- und Landesrechts. Es stellt somit eine Sammlung von Normen dar, die sich nicht aus einer bestimmten Regelungsabsicht definieren, sondern vielmehr auf einen bestimmten **Regelungsbereich** abzielen. In einem weiteren Sinn ist jede rechtliche Norm, z. B. des Zivil-[49], Straf-[50] oder Verwaltungsrechts[51], als Berufsrecht anzusehen, wenn und soweit sie sich auf die erwerbswirtschaftliche Tätigkeit dieser Zielgruppe beziehen kann.

Ärztliches Berufsrecht im engeren Sinne setzt sich demgegenüber aus berufsgruppenübergreifenden allgemeinen Bestimmungen für freiberuflich Tätige[52] ebenso wie aus spezifischen Normen für Ärzte zusammen. Beispiele explizit ärztlicher berufsrechtlicher Regelungen sind z. B. die MBO-Ä und die Heilberufsgesetze der Bundesländer. Das »**Berufsrecht** ist ein rechtswissenschaftlich und rechtspraktisch ordnender Sammelbegriff. Er bezeichnet sämtliche Normen, die sich auf den Zugang zu Berufen sowie insbesondere die Berufsausübung beziehen.«[53] »Insoweit hat sich das Berufsrecht aus dem **Standesrecht** entwickelt, dessen unzureichende Verankerung im Gesetz der verfassungsrechtlichen Prüfung nicht standhielt.«[54] Das Berufsrecht ist also die **rechtssystematische Weiterentwicklung** moralisch-ethischer Standesnormen, die sich eine Berufsgruppe selbst auferlegt hatte und / oder deren Befolgung von der Leistungsnehmerseite implizit erwartet wurde.

Als erste grundlegende Formulierung verbindlicher ärztlicher Standespflichten kann der aus dem antiken Griechenland datierende »Eid des Hippokrates« verstanden werden.[55]

Tradierte standesrechtliche **Ehrenregeln** dürfen jedoch umgekehrt nicht zur verbindlichen Auslegung oder Konkretisierung (berufs-)rechtlicher Normen herangezogen

48 Vgl. Ollenschläger (1995), Rogler (2009).

49 Z. B. Kaufvertrag über ein Sonographie-Gerät.

50 Z. B. Betrugsdelikte.

51 Z. B. Parksondererlaubnis.

52 Hier z. B. Partnerschaftsgesetz (PartGG).

53 Ruffert (2011), S. 276–277.

54 Ruffert (2011), S. 277, vgl. auch Taupitz (1991).

55 Ulbricht (2008), S. 20.

werden.[56] Das BVerfG hat dazu bereits 1972 ausgeführt: »Es entspricht der Natur allen Standesrechts, dass die Berufspflichten der Standesangehörigen nicht in einzelnen Tatbeständen erschöpfend umschrieben werden können, sondern in einer Generalklausel zusammengefasst sind, welche die Berufsangehörigen zu gewissenhafter Berufsausübung und zu achtungs- und vertrauenswürdigem Verhalten innerhalb und außerhalb des Berufs anhält, die nähere Bestimmung der sich hieraus ergebenden einzelnen Pflichten aber der Aufsichtspraxis der Standesorgane und der Rechtsprechung der Berufsgerichte überlässt.«[57] Jedenfalls das durch Kammern ausformulierte Berufsrecht wird hier also als **Konkretisierung** der eher moralisch-ethisch zu verstehenden Standespflichten interpretiert.

Ärztekammern und Kassenärztliche Vereinigungen sind als Körperschaften öffentlichen Rechts wesentliche Determinanten bei der Implementierung, Prozessualisierung und Operationalisierung derartiger öffentlicher Anforderungen. In diesem Sinne »ist in der Rechtsprechung anerkannt, dass die einschlägigen Vorschriften der Berufsordnungen auch **Marktverhaltensregeln** i. S. d. § 3a Nr. 11 des UWG sind«.[58] Entspricht eine gewerbliche ärztliche Tätigkeit also nicht dem Berufsrecht, wird dies nach § 4 Nr. 1 UWG (»Mitbewerberschutz«) bereits als wettbewerbswidrig angesehen.[59]

Die Rechtssphäre des Berufsrechts nimmt besonders Bezug auf **Art. 12 Abs. 1 GG**, wo das Recht auf **freie Wahl** von Beruf und Arbeitsplatz umfassend garantiert, aber auch die Regelung der Berufsausübung ausschließlich auf **gesetzlicher Grundlage** bestimmt wird. »Derartige Verbote oder Beschränkungen in Berufsordnungen müssen stets im Lichte der durch Art. 12 Abs. 1 GG geschützten Berufsfreiheit – und zwar nach der Rechtsprechung des Bundesverfassungsgerichts möglichst berufs- und wettbewerbsfreundlich – ausgelegt werden. Es ist zu untersuchen, ob Beschränkungen durch das Rechtsgut der Gesundheit der Bevölkerung oder zur Vermeidung einer gesundheitspolitisch unerwünschten Kommerzialisierung des Arztberufes gerechtfertigt sind. Der Patient soll darauf vertrauen können, dass sich der Arzt nicht von kommerziellen Interessen, sondern ausschließlich von medizinischen Notwendigkeiten leiten lässt; merkantile Gesichtspunkte sollen vom Heilauftrag des Arztes getrennt sein.«[60] »Dabei gebietet der Grundsatz der Verhältnismäßigkeit, dass die geschützten Gemeinwohlbelange im Einzelfall tatsächlich gefährdet sind.«[61]

---

56 Vgl. BVerfG, Beschluss vom 14.07.87, Az. 1 BvR 537/81, analog BVerfGE 76, 171 zum Anwaltsrecht.

57 BVerfGE 33, 125, 164 = NJW 1972, 1504, 158, vgl. auch Laufs (2010), S. 163.

58 Bundesärztekammer (2016), S. 1.

59 Frehse (2006), S. 55, mit dem ärztlichen Wettbewerbsverhalten beschäftigt sich schwerpunktmäßig sogar eine eigene Wettbewerbszentrale: https://www.wettbewerbszentrale.de/de/institution/profil/auftrag, Abruf am 09.07.2017.

60 OVG NRW, Urteil vom 18.02.09, Az. 6t A 1456/05.T, Rn. 50.

61 OVG NRW, Urteil vom 18.02.09, Az. 6t A 1456/05.T, Rn. 52.

Rechtliche Bestimmungen folgen schließlich einer gewissen **Hierarchie**, die durch (inter)nationale Übereinkommen oder Verfassungsgrundsätze festgelegt ist.[62] Bundesgesetze wie das HWG gehen z. B. dem autonomen berufsrechtlichen Satzungsrecht der Landesärztekammern vor[63], während dieses Satzungsrecht wiederum, z. B. in § 30 MBO-Ä, privatrechtliche (Arbeits-) Verträge einschränkt. Spezielle (also stärker fallbezogene) Normen gehen wiederum allgemeinen Regelungen vor.[64] Gesetze werden im Regelfall durch Rechtsverordnungen präzisiert, deren Ausgestaltung oftmals exekutiven Behörden und Körperschaften öffentlichen Rechts, wie z. B. den Ärztekammern, überantwortet ist.

Verfassungsrechtlich geschütztes Berufsrecht ist zunächst unabhängig vom und gelegentlich unterschiedlich zum (vor allem sozialrechtlich ausgiebig geregelten) **Vertragsarztrecht**[65], wobei letzteres die ökonomischen Rahmenbedingungen des erwerbswirtschaftlich tätigen Arztes wesentlich stärker beeinflusst. Immerhin werden in Deutschland ärztliche Leistungen für etwa 90 % der Leistungsnehmer gegenüber dem Kostenträger GKV abgerechnet und unterliegen dessen Leistungs-, Qualitäts- und Kostenvorgaben. Während das Berufsrecht jedoch als wirtschaftliche Rahmenbedingung mit einigen, auch richterlich ausgeformten ökonomischen Freiheitsgraden zu verstehen ist, normiert das zuletzt vor allem vom GBA determinierte Vertragsarztrecht **Markteintritts-, -verhaltens- und -austrittsregeln** viel enger und unmittelbarer. Berufsrecht ist also vorwiegend juristisch, Vertragsarztrecht vorwiegend politisch zu interpretieren. Dennoch sind die praktischen Überlappungen groß.

2.4 Kammerrecht

Das »Kammerrecht« beschreibt demgegenüber die »in Verfassungsrecht und Verwaltungsrecht wurzelnden Rechtsverhältnisse eines spezifischen, traditionsreichen Organisationstypus wirtschaftlicher und freiberuflicher Selbstverwaltung«[66] und die von deren (Zwangs-) Mitgliedern. Gerade in Deutschland blicken die »verkammerten« Berufe auf eine lange Historie zurück.[67] Im Rahmen der **funktionalen berufsständischen Selbstverwaltung** (und mittelbaren Staatsverwaltung) hat der Gesetzgeber den (Ärzte-) Kammern hierbei sowohl das Recht wie die Pflicht zur Regelung ihres eigenen Rechtsberei-

62 Z. B. europäisches Recht > Verfassungsrecht (Grundgesetz) > Bundesrecht > Landesrecht.

63 Sauerbier (2014), S. 127.

64 Vgl. Ulbricht (2008), S. 14.

65 Vgl. Bundesärztekammer (2013) und (2016), zu den Unterschieden: Bundesärztekammer (2008 a), S. A 1019. Für Vertragsärzte gelten neben dem SGB V v. a. die Ärzte-ZV und der BMV-Ä, vgl. hier: Bundesärztekammer (2016), S. 1.

66 Tettinger (1997), S. 1.

67 Keucher (1931).

ches in selbstbestimmter Verantwortung und unter staatlicher Aufsicht und Kontrolle[68] übertragen. Dazu gehört beispielsweise auch eine eigene **Heilberufsgerichtsbarkeit**, die parallel zum BGB, Straf- und Wirtschaftsrecht ausgeübt wird.[69]
Bundes- und Landesgesetze gehen dem autonomen Satzungsrecht der Landesärztekammern vor.[70] Erst in jüngerer Zeit wird das Kammerrecht auch aus Sicht der ökonomischen Analyse betrachtet: »Den Ökonomen ist nicht nur das Kammerrecht nicht heilig, selbst das deutsche Grundgesetz ist vor ihrer kritischen Betrachtung nicht sicher.«[71]

Die Eingrenzung erwerbswirtschaftlichen ärztlichen Handelns durch nationale berufs-, kammer- und standesrechtliche Vorgaben sowie deren Organisation in öffentlich-rechtlichen Körperschaften (Kammern) erscheint **europarechtlich** weitgehend unbedenklich. »Zwar läßt sich keine ausdrückliche europarechtliche Bekräftigung oder gar institutionelle Sicherung der freiberuflichen Selbstverwaltung nachweisen. Jedoch ist es schon mehr als beruhigend, daß in den weitaus meisten europäischen Ländern vergleichbare Institutionen mit Pflichtmitgliedschaft bestehen, wie sie die deutschen Ärztekammern darstellen.«[72]
Grundsätzlich **konkurrieren** hier europarechtliche Wirtschaftsnormen wie Freizügigkeit, Niederlassungs- und Dienstleistungsfreiheit, Freiheit des Warenverkehrs und Diskriminierungsverbot mit der ebenfalls vertraglich festgelegten Zuständigkeit der Nationalstaaten für die (praktische Umsetzung von) Gesundheitspolitik[73], also mittelbar auch die Gesundheitswirtschaft. Ferner ist der darin zum Ausdruck kommende **Subsidiaritätsgedanke** tief im europäischen Denken verwurzelt.[74]
Bei etwaigen Konflikten wurde in der Vergangenheit zumeist dem Gesundheitsschutz der Bevölkerung der Vorrang gegeben vor der freien wirtschaftlichen Entfaltung des Individuums. Im Hinblick auf seine reale wirtschaftliche Betätigung im europäischen Binnenmarkt kann der Arzt unter der Prämisse seiner Compliance mit den nationalen berufsständischen Regelwerken (insbesondere dem Nachweis reklamierter Qualifikationen) jedoch alle damit verbundenen Privilegien zu Produktion und Vertrieb seiner wirtschaftlichen Dienstleistung in Anspruch nehmen.

---

68 Als »geteilte Verantwortung von Kammern und Staat«, vgl. Eickhoff (2007).

69 Vgl. Ruffert (2011), S. 298–303.

70 Sauerbier (2014), S. 127.

71 Schmidt-Trenz (2007), S. 11.

72 Taupitz (1997), S. A-3087–A-3088.

73 Vgl. EUV, Art. 152.

74 EUV, Art. 5.

3 Der Arzt als Akteur erwerbswirtschaftlichen Handelns

3.1. Privilegierter Heilauftrag und seine Grenzen

Die ärztliche Kernleistung ist als »**begünstigter Heilauftrag**« auf Grund ihrer Gemeinwohlorientierung vom Gesetzgeber in mancher Hinsicht privilegiert. So besteht ein umfassendes und verfassungsrechtlich garantiertes Prinzip der ärztlichen Therapiefreiheit[75], das dem Arzt die freie Wahl der Behandlungsmethode überlässt, die er dem Patienten vorschlägt (Methodenfreiheit[76]). Diese individuelle ärztliche Therapiefreiheit ist allerdings sozial- und berufsrechtlich kollektiv eingegrenzt. »Insbesondere hatten Vertragsärzte bislang in der Regel keinen Erfolg mit der Rüge, durch staatliche Regulierungen des Gesundheitswesens sei ihre Berufsfreiheit aus Art. 12 GG verletzt worden.«[77]
Das BVerfG stellte bereits 2004 fest: »Zur **Sicherung von Qualität und Wirtschaftlichkeit** muss er [der Vertragsarzt, d.Verf.] Einschränkungen seines Behandlungsspektrums ebenso hinnehmen wie Regelungen, die seine Niederlassungsfreiheit, seine Fallzahlen und seine Vergütung begrenzen. Diese Eingriffe können im Bereich der gesetzlichen Krankenversicherung durch den **Gemeinwohlbelang** der Sicherstellung der Versorgung der gesetzlich Versicherten gerechtfertigt werden. An diesem legitimen Zweck sind aber die jeweiligen Beschränkungen der Berufsfreiheit der im System tätigen Leistungserbringer auch zu messen.«[78]

Im Regelfall wertet die Judikative gesundheitspolitische Einschränkungen der ärztlichen Berufsfreiheit also als rechtlich zulässige **Berufsausübungsregeln**. »Ein Arzt wird jedenfalls so lange nicht in seinem Status betroffen, wie er nicht im Kernbereich seines Fachgebietes eingeschränkt wird.«[79] Das Grundgesetz schützt also (auch) die Funktionsfähigkeit des Sozialversicherungssystems, nicht den Lebensstandard des Arztes.
Dennoch kann man zu der Auffassung gelangen: »Der freie Arztberuf ist unter der Herrschaft des SGB V zu dem staatlich gebundensten Beruf unter den nicht-staatlichen Berufen geworden.«[80]
Geradezu programmatisch für das wachsende Übergewicht einer staatlich vorgegebenen und eingeforderten Wirtschaftlichkeit gegenüber der ärztlichen Therapiefreiheit stehen die **Disease-Management-Programme** mit ihren evidenz-basierten (und

---

[75] Vgl. Rogler (2009), Vogd (2002), S. 303–305, https://de.wikipedia.org/wiki/Therapiefreiheit, Abruf am 10.03.2018.

[76] Kern (2010), S. 637, § 42 Rn. 7.

[77] Preis (2010), S. 139.

[78] BVerfG, 17.08.04, Az. 1 BvR 378/00, Rn. 31.

[79] BVerfG, 16.07.04, Az. 1 BvR 1127/01, Rn. 24.

[80] Preis (2010), S. 139.

mithin verpflichtenden) Leitlinien. Individualisierte Abweichungen hiervon sind mindestens mittelbar ökonomisch sanktioniert.[81]

Eine andere Form der ärztlichen Privilegierung ist die ärztliche **Weisungsfreiheit** in Bezug auf fachliche Entscheidungen selbst in abhängigen Arbeitsverhältnissen, die letztlich auch aus der ärztlichen Therapiefreiheit resultiert[82].
Es besteht ferner die erwähnte **umsatzsteuerliche Privilegierung** der ärztlichen Heilbehandlung nach § 4 Nr. 14a UStG und die **Gewerbesteuerbefreiung**, sofern sie nicht durch »Abfärbung« einer parallelen gewerblichen Tätigkeit »infiziert« wird (s. 2.1). Der Streit, inwieweit eine vorwiegend erwerbswirtschaftlich ausgerichtete ärztliche Betätigung noch in den privilegierten Kernbereich des medizinischen Heilauftrages fällt (vgl. 5.2.3) und damit auf Grund ihrer medizinischen Indikation umsatzsteuerbefreit ist[83], betrifft z. B.

- die sog. IGeL-Leistungen[84];
- Maßnahmen im Rahmen der ästhetischen Medizin;
- den (Gesundheits-) Journalismus;
- eine gutachterliche Tätigkeit[85];
- die ärztliche Betätigung im Bereich der Telemedizin;
- Auftragsforschung und Beobachtungsstudien (hier auch: die Drittmitteleinwerbung);
- die Arbeitsmedizin (als einer Medizin in einem marktwirtschaftlich geprägten, betrieblichen und wettbewerblichen Umfeld, die zumeist ohne Behandlungsauftrag stattfindet und v. a. einem präventiven Ansatz genügt).

Desweiteren ist auch der **Besitzübergang einer Arztpraxis** bzw. der des damit verbundenen **vertragsärztlichen Sitzes** in einem Nachbesetzungsverfahren gemäß § 103 Abs. 3a und Abs. 4 SGB V sowie § 18 Ärzte-ZV berufs- und sozialrechtlich eingehend normiert und damit gegen marktlichen Wettbewerb begrenzt geschützt[86]. Diese durch die Bedarfsplanung gegen Konkurrenz abgeschirmte ärztliche »Produktionsstätte« wird nämlich als unabhängiger, marktfähiger Wert in einem öffentlichen Gesundheitssystem mit umfangreichen Niederlassungsbeschränkungen und gesperrten Planungsbereichen

---

81 Preis (2010), S. 142, vgl. auch Vogd (2002), S. 298–300.

82 Vgl. besonders § 31 Abs. 2 S. 1 KHGG NRW, Prütting (2009), S. 339–341, Laufs (2010), S. 141, Becker (2016), S. 22–25, Mihm (2017), S. 16.

83 Vgl. Ulbricht (2008), S. 89-92, zur »Kleinunternehmerregelung« gemäß § 19 Abs. 1 UStG s. Ulbricht (2008), S. 93–95.

84 Vgl. Voigt (2013).

85 Vgl. § 25 MBO-Ä.

86 Vgl. Merkblatt der KV Bayern vom 24.05.17, abrufbar unter: https://www.google.de/url?sa=t&rct =j&q=&esrc =s&source=web&cd=1&cad=rja&uact=8&ved=0ahUKEwiR2uDn1dbVAhVEL1AKHR9rALIQFgg1MAA&url=https%3A%2F%2Fwww.kvb.de%2Ffileadmin%2Fkvb%2Fdokumente%2FPraxis%2FPraxisfuehrung%2FZulassung%2FKVB-Merkblatt-Praxisabgabe-im-gesperrten-Planungsbereich.pdf&usg=AFQjCNFFq4oyjXEw_yS-VsNV7YIKXJt3SA.

angesehen. Ökonomische Verfahren der Unternehmensbewertung[87] kommen hier also nicht zum Einsatz.
Die Besonderheiten des Arztberufes zeigen sich auch bei wirtschaftlicher Schieflage und **Insolvenz.**[88]
Eine weitere berufsrechtliche Ausnahmestellung manifestiert sich schließlich im (nicht exklusiven) ärztlichen **Zeugnisverweigerungsrecht** nach § 53 Abs. 1 Alt. 3 StPO und § 383 Abs. 1 Ziff. 6 ZPO, das wiederum mit der ärztlichen **Schweigepflicht** nach § 203 Abs. 1 Ziff. 1 StGB korrespondiert, jedenfalls im Hinblick auf vertrauliche Informationen, die der Arzt über seine Patienten aus dem Behandlungsprozess gewinnt.

Über diese **individuelle Privilegierung** hinaus besteht im System der funktionalen Selbstverwaltung (s. 4.2) auch eine systemische, **korporative Privilegierung** des ärztlichen Berufsstandes allgemein, die (wie die anderer freiberuflicher Standesorganisationen auch) als Kompensation für dessen normative öffentlich-rechtliche Einschränkung seiner erwerbswirtschaftlichen Betätigung verstanden werden kann. Hierauf wird im Weiteren noch einzugehen sein.

Obgleich er hierzu objektiv befähigt wäre und auch die dazu notwendigen Maßnahmen Teil seiner medizinischen Ausbildung sind, sind dem Arzt schließlich einige erwerbswirtschaftliche Tätigkeiten explizit **verboten** oder jedenfalls signifikant eingeschränkt, z. B.:

- die »**geschäftsmäßige Förderung der Selbsttötung**« nach § 217 StGB als erwerbswirtschaftlich orientierte Assistenz beim Suizid[89], nicht jedoch die »gewerbsmäßige« palliativmedizinische Betreuung nach medizinischem Standard[90];
- die Mithilfe bei **Schwangerschaftsabbrüchen** nach § 218 StGB, sofern gemäß § 218a Abs. 1 Alt. 1 StGB kein Beratungsnachweis nach § 219 Abs. 2 Satz 2 vorgelegt wurde oder wenn die Einnistung länger als 12 bzw. 22 Wochen zuvor stattgefunden hat (vgl. § 218a Abs. 1 Alt. 3 bzw. Abs. 4 und auch §§ 218b StGB)[91];
- die Einbindung in **Franchising**-Modelle[92].

[87] Vgl. MHBA-Text 10, S. 35–40.

[88] D'Avoine (2016), Vorwort: »Sanierungen in ›Arzt-Fällen‹ sind besondere Verfahren.«.

[89] Vgl. Lipp (2011), Gavela (2013), Nauck (2014), von Zezschwitz (2016), obgleich Selbsttötung in Deutschland nicht verboten und somit die Beihilfe hierzu rechtlich nicht sanktioniert ist.

[90] Vgl. Nauck (2014), S. A-67–A-68: Die Norm »es ist ihnen verboten, Patientinnen und Patienten auf deren Verlangen zu töten. Sie dürfen keine Hilfe zur Selbsttötung leisten« wurde in den einzelnen Landesärztekammern unterschiedlich umgesetzt.

[91] Ein weit umfassenderes Verbot gilt für angestellte Ärzte in kirchlichen Einrichtungen.

[92] Vgl. zur Übersicht Kästel (2013).

3.2 Organisationsformen erwerbswirtschaftlicher ärztlicher Betätigung

3.2.1 Eigenständige Tätigkeit, abhängig beschäftigte Tätigkeit und Honorartätigkeit

Die hinsichtlich ihrer erwerbswirtschaftlichen Eingrenzung ebenso umfangreiche wie detaillierte MBO-Ä gilt zunächst für alle Ärzte, die die Heilkunde am Menschen ausüben, **unabhängig von deren wirtschaftlicher Stellung**, so z. B. für selbständige Freiberufliche, selbständige Gewerbetreibende, in zugelassenen Ärztegesellschaften nach § 23a MBO-Ä (z. B. GbR, Partnerschaftsgesellschaft, GmbH) Tätige oder nach § 23 MBO-Ä für abhängig Beschäftigte in einem privatrechtlichen oder öffentlich-rechtlichen Dienstverhältnis, also etwa angestellt in einer anderen Vertragsarztpraxis, einem Krankenhaus oder in einem Medizinischen Versorgungszentrum.[93] § 30 MBO-Ä verpflichtet die Ärzte, »in allen vertraglichen und sonstigen beruflichen Beziehungen zu Dritten ihre ärztliche Unabhängigkeit für die Behandlung der Patientinnen und Patienten zu wahren.«
Die erwerbswirtschaftliche Betätigung des Arztes inner- oder außerhalb des Vertragsarztssystems unterscheidet sich in dieser Hinsicht lediglich dadurch, dass erstere i. d. R. viele und unterschiedliche[94], letztere hingegen nur eine begrenzte Zahl und geringe Variabilität von **Kundenbeziehungen** kennt. Zumeist muss der Arzt im GKV-System daher zahleiche, oft widersprüchliche Kundenerwartungen berücksichtigen.

In § 23 Abs. 2 MBO-Ä ist darüber hinaus speziell festgelegt, dass ein Arzt auch in einem Dienstverhältnis als abhängig Beschäftigter keine Vergütung vereinbaren darf, die die **Unabhängigkeit seiner medizinischen Entscheidungen** beeinträchtigt.
Diese Regelung stellt – abstrakt gesehen – einen gesetzesähnlichen Eingriff in die verfassungsmäßig garantierte Vertragsfreiheit[95], die Bindungswirkung privatrechtlicher Verträge zur Regelung eines Wirtschaftsverhältnisses und im Ergebnis auch in das (egoistische) ökonomische Interesse beider Vertragspartner dar. Obwohl konkret bezogen auf seine ärztliche Behandlertätigkeit, werden damit schließlich auch die erwerbswirtschaftlichen Entfaltungsmöglichkeiten des Arztes mittelbar eingeschränkt. Umgekehrt werden ökonomisch orientierte und objektiv gut begründete betriebswirtschaftliche Interessen einer nicht-ärztlichen Geschäftsführung, z. B. in einem MVZ oder Krankenhaus, im Ergebnis der subjektiven ärztlichen Prärogative des behandelnden Arztes unterworfen und sind von seinen Entscheidungen abhängig.

93 Vgl. Mihm (2017), S. 16.

94 Z. B. Patienten, Kranken- und Unfallversicherungen, zuweisende Ärzte, Krankenhäuser, etc.

95 Als Ausfluss der allgemeinen Handlungsfreiheit nach Art. 2 Abs. 1 GG, vgl. https://de.wikipedia.org/wiki/Vertragsfreiheit.

Vor dem Hintergrund der seit Jahrzehnten üblichen erfolgsorientierten Honorar- und **Bonusregelungen** leitender Abteilungsärzte gewinnt diese rechtsgleiche Forderung eine besondere Bedeutung und hat in der Folge u. a. dazu geführt, dass Chefarztverträge dem § 135c Abs. 1 SGB V folgen müssen und keine Zielvereinbarungen enthalten dürfen, »die auf finanzielle Anreize insbesondere für einzelne Leistungen, Leistungsmengen, Leistungskomplexe oder Messgrößen hierfür abstellen. Die Empfehlungen sollen insbesondere die Unabhängigkeit medizinischer Entscheidungen sichern.« Zielvereinbarungen zur Qualitätssicherung und -verbesserung sollen dagegen weiterhin möglich sein. Bei gegenläufigen Vereinbarungen ist nach § 135c Abs. 2 SGB V als Sanktion eine entsprechende Veröffentlichung im verpflichtenden, regelmäßigen Qualitätsbericht des Krankenhauses vorgesehen.

Keine neue Form der wirtschaftlichen ärztlichen Betätigung ist die **honorarärztliche Tätigkeit**, die in den letzten Jahren aber eine deutliche Renaissance erfahren hat. Sie entspricht in ihrem Wesen der historischen Ausübung freiberuflicher ärztlicher Tätigkeit und zeigt die Besonderheit, dass sie an häufig wechselnden Arbeitsorten in intendiert selbständiger Form ausgeübt wird.
Spannend wäre zu untersuchen, inwieweit hierdurch gegen die berufsrechtliche Residenzpflicht nach § 17 MBO-Ä verstoßen wird. Dem Leistungsnehmer Krankenhaus oder MVZ wird damit jedoch flexibel ermöglicht, zeitweilige Arbeitsspitzen oder unerwartete Personalausfälle aufzufangen; dem Leistungsanbieter Honorararzt wird neben der eigenen Erwerbstätigkeit ermöglicht, Sozialversicherungsbeiträge zu sparen und ggf. steuerliche Begünstigungen (z. B. Abschreibemöglichkeiten) zu nutzen. Während das Geschäftsmodell der Honorarärzte durch die aktuelle Rechtsprechung wegen unzulässiger Umgehung der Sozialversicherungspflicht stark in die Kritik geraten ist[96] und ihm dahingehend wirksame Beschränkungen auferlegt wurden[97], unterliegt diese Arztgruppe **keinem spezifischen berufsrechtlichen Obligo**.

3.2.2 Erwerbswirtschaftliche Tätigkeit in Kooperation

Die leistungs-, produkt- oder prozessbezogene Kooperation mehrerer Leistungserbringer, z. B. auch als horizontale oder vertikale Integration[98], schafft fachliche und wirtschaftliche Synergien durch **Spezialisierung** und Komplementarität bei fortbestehender rechtlicher und funktionaler Eigenständigkeit der einzelnen Einheiten (komplementäre Interdependenz). Es resultieren Größen-, Produktivitäts- und Kostenvor-

[96] Strittig ist insbesondere seine Eingliederung in die betrieblichen Abläufe des Krankenhauses und die Weisungsgebundenheit gegenüber den dortigen leitenden Ärzten.

[97] Vgl. »Scheinselbständigkeit«, Rentenversicherungspflicht, mangelnde Abrechenbarkeit von Wahlleistungen im Krankenhaus etc.

[98] Vgl. MHBA-Text 1, S. 36–42, MHBA-Text 53, S. 27.

teile (**Skaleneffekte**)[99], z. B. durch Ausschöpfung von Rationalisierungspotentialen und Reduktion von Produktionskosten. Durch Verbesserung der Wirtschaftlichkeit und der Wettbewerbsposition erweist sich eine solche planvolle und abgestimmte strategische und / oder operative Zusammenarbeit i. d. R. als sinnvoll und erfolgreich.[100]
Diese **Nutzenstiftung** gilt idealerweise für das gesellschaftliche Allgemeinwohl ebenso wie für die individuelle Rentabilität und Steigerung des Betriebsergebnisses der einzelnen Kooperationspartner. Letztlich können primär betriebswirtschaftlich intendierte, eigennützige Kooperationen auch zu einer abnehmerrelevanten Qualitätsverbesserung des »Produktions-Outputs« führen.
Nichts anderes gälte auch für erwerbswirtschaftlich tätige Ärzte, deren dahingehende Betätigung jedoch – zum Ausgleich zwischen Allgemeinwohlbelangen eines solidarisch finanzierten öffentlichen Gesundheitssystems und persönlichem Gewinnstreben – durch umfangreiche berufsrechtliche **Kooperationsvorgaben und -verbote** gekennzeichnet ist.[101] Damit werden solchen Ärzten zahlreiche betriebswirtschaftlich sinnvolle Chancen mindestens gemindert, wie z. B. eine Komplexreduktion ihres Leistungsangebotes (durch Spezialisierung) mit Anstieg von persönlichem Routinegrad, geringerem Investitionsbedarf und Erhöhung der individuellen Ergebnisqualität sowie konsekutiven Kostendegressionseffekten (also einem Anstieg der Kooperationsrente) oder auch ein Konkurrenzschutz durch Kartellbildungen.[102]

Gesetzlich erlaubte (und damit unterstellt: gesellschaftlich erwünschte) Kooperationsmodelle sind demnach[103] Praxis-, Apparate- und Laborgemeinschaften als Nutzungs- oder Organisationsgemeinschaften, (über)örtliche (Teil-) Gemeinschaftspraxen, Medizinische Versorgungszentren und Ärztegemeinschaften/ -gesellschaften als Berufsausübungsgemeinschaften sowie schließlich berufsgruppen- und sektorenübergreifende Netzstrukturen wie Praxisverbünde.[104] Als Kriterien der gemeinsamen Berufsausübung in zulässigen Berufsausübungsgemeinschaften werden der Wille zu einer auf Dauer angelegten systematischen Kooperation, ein schriftlicher Gesellschaftervertrag, eine entsprechende Außenankündigung, ein gemeinsamer Patientenstamm, der Abschluss des Behandlungsvertrages mit der Gesellschaft und ein gleicher Rechten- und Pflichtenkreis der Gesellschafter genannt.[105]
Dieses Kooperationskonzept erscheint berufsrechtlich unverfänglich und betriebswirtschaftlich marktgerecht. Nach § 23b MBO-Ä sind medizinische Kooperationsgemeinschaften auch zwischen Ärzten und Angehörigen anderer spezifizierter Fachberufe

---

[99] Vgl. MHBA-Text 52, S. 54–55, MHBA-Text 53, S. 25–26.

[100] Vgl. MHBA-Text 53, S. 25–26, MHBA-Text 9, S. 16, letzteres zur Typologie der Wettbewerbsstrategien nach Lücking, z. B. als Koalition oder Kollusion.

[101] Vgl. IFB (2012), MHBA-Text 5.

[102] Vgl. MHBA-Text 53, S. 26–27.

[103] Vgl. MHBA-Text 31, S. 30–34, Bundesärztekammer (2008 a), S. A 1020.

[104] Vgl. zur Übersicht Erbsen (2003).

[105] Bundesärztekammer (2008 a), S. A 1021–1022.

berufsrechtlich zulässig.[106] Ausdrücklich sozial- und berufsrechtlich **gefördert** werden ärztliche Kooperationen dagegen nur in engen Teilbereichen, wie z. B. den strukturierten Behandlungsprogrammen bei chronischen Krankheiten nach § 137f SGB V. Einige der staatlich geförderten Programme scheinen sogar eher darauf ausgelegt zu sein, eine solche ärztliche Kooperation zu mindern (vgl. z. B. die hausarztzentrierte Versorgung nach § 73b SGB V).

Neben der überwiegend vorzufindenden freiberuflichen Einzel- oder Gemeinschaftspraxis sind als **berufsrechtlicher Rahmen** für selbständige Ärzte nach § 18 Abs. 2 MBO-Ä zulässig die Gesellschaft bürgerlichen Rechts (GbR) nach §§ 705–740 des Bürgerlichen Gesetzbuches (sog. BGB-Gesellschaft), Partnerschaftsgesellschaften nach dem Partnerschaftsgesellschaftsgesetz (PartGG)[107], die Gesellschaft mit beschränkter Haftung (GmbH) nach dem GmbH-Gesetz und die Aktiengesellschaft AG.[108] »Unabhängig von der gewählten Rechtsform dürfen auch in Kooperationen ärztliche Dienstleistungen nicht in gewerblicher Form und wie von Gewerbetreibenden (z. B. in Kaufhäusern und in Supermärkten) angeboten werden.«[109] Berufsrechtlich sind solche Kooperationen besonders in den § 23a bis § 23d und § 29a MBO-Ä engmaschig[110] geregelt. Ausdrücklich **verboten** sind demnach die Gründung von oder die Beteiligung an Kapitalgesellschaften. Sie werden als Organisationsform ärztlicher Zusammenarbeit abgelehnt, da dort Aspekte des persönlichen Arzt-Patientenverhältnisses (z. B. die freie Arztwahl) und des Patientenschutzes (z. B. in Haftungsfragen) nicht ausreichend repräsentiert erscheinen.[111]
Nunmehr regelt § 23a MBO-Ä die Möglichkeit der rechtmäßigen Bildung von Ärztegesellschaften als **juristischen Personen des Privatrechts**, also z. B. auch in Form der GmbH.[112] In einigen jüngeren Gerichtsurteilen wurde das in manchen Heilberufsgesetzen noch enthaltene Verbot der freiberuflichen ambulanten ärztlichen Tätigkeit in der Rechtsform der GmbH ausdrücklich als verfassungsrechtlich unzulässig erklärt.[113]

---

106 Zu deren ausdrücklicher und differenzierter rechtlicher Beschränkung vgl. OLG Düsseldorf, Urteil vom 19.03.2013, Az. I–20 U 41 / 12, hier unter Bezug auf das UWG wg. »unangemessener, unsachlicher Einflussnahme« (Rn. 23 und 25) und auf die Berufsordnung NRW wg. § 31 Abs. 2 (Rn. 30).

107 Vgl. zur Übersicht beispielsweise Wehrheim (2013), zur Zulässigkeit von PartG auch mit nicht-medizinischen Freiberuflern vgl. BVerfG, Beschluss vom 12.01.2016, Az. 1 BvL 6 / 13.

108 In den gesetzlichen Bestimmungen zu den verschiedenen Gesellschaftsformen finden sich Bestimmungen dazu, wer sich in dieser Gesellschaft zusammenschließen kann, wer welche Anteile am Gesellschaftsvermögen halten kann, wer für die Gesellschaft nach außen hin vertretungsberechtigt ist, wer nach außen haftet, wie die Gesellschaft aufgelöst werden kann, und zu den individuellen steuerrechtlichen Implikationen. Vgl. Bundesärztekammer (2008 a), S. A 1020 und 1022.

109 Bundesärztekammer (2008 a), S. A 1022.

110 Z. B. bis zu den zulässigen Bezeichnungen nach § 23a Abs. 2 MBO-Ä und § 23b Abs.1 MBO-Ä.

111 Vgl. Jaklin (2016), S. 801.

112 Vgl. auch https://de.wikipedia.org/wiki/Juristische_Person.

113 OLG Zweibrücken, Beschluss vom 21.01.2016, Az. 3 W 128 / 15, in: MedR (2016) 34 (10): S. 798–801.

Reine Kapitalgesellschaften mit nicht-ärztlichen Gesellschaftern sind nach § 23 Abs. 1 MBO-Ä jedoch weiterhin ausdrücklich untersagt, was z. B. die **Praxisliquidität** oder die Befriedung eines **Kapitalbedarfs** investitionsintensiver ärztlicher Schwerpunkte (wie z. B. der Radiologie, Strahlentherapie oder Labormedizin) erschwert und diese vom öffentlichen Kapitalmarkt (bis auf den Zugang zu Banken) weitgehend abschneidet.

Denkbare und faktische Kooperationen existieren darüber hinaus zwischen fast allen **Marktakteuren des Gesundheitssystems**. Hierzu hat die Bundesärztekammer mehrere »Hinweise und Erläuterungen« zu den jeweils geltenden rechtlichen Rahmenbedingungen formuliert, so z. B. zur Zusammenarbeit zwischen niedergelassenen Vertragsärzten und Krankenhäusern[114], zwischen Vertragsärzten untereinander und mit anderen Gesundheitsberufen[115] sowie zu deren unternehmerischer Betätigung[116]. Sie unterscheidet dabei vertragliche Kooperationen selbständiger Ärzte auf Honorarbasis (wie die konsiliarische Tätigkeit und den klassischen »Honorararzt«), im Rahmen eines Angestelltenverhältnisses und vertragsärztlich vorgesehene Formen der Zusammenarbeit (Belegärzte nach § 121 SGB V, vor- und nachstationäre Behandlung nach § 115a SGB V, ambulantes Operieren nach § 115b SGB V, ambulante spezialfachärztliche Versorgung nach § 116b SGB V und die Besondere Versorgung nach § 140a SGB V[117]).[118]

3.3 Die Arztpraxis – ein erwerbswirtschaftliches Unternehmen?

Eine Arztpraxis wird oft als **»öffentlich gebundener« Betriebstyp** charakterisiert, da sie bei prinzipiell privater Trägerschaft und grundsätzlicher Gültigkeit des erwerbswirtschaftlichen (ökonomischen) Prinzips im Hinblick auf bestimmte, oft entscheidende Betriebsprozesse (z. B. Absatz- und Preispolitik oder Investitionsverhalten) einer tiefgreifenden öffentlichen Regulierung und Kontrolle unterliegt, deren Durchführung in der Regel besonderen Organisationen oder Ämtern übertragen ist.[119] Prägend für diesen Betriebstyp sind ferner sein hoher Fixkostenanteil bei charakteristischerweise umfassender **Vorhaltefunktion** und -verpflichtung, die z. B. auch eine individuelle und flexible Nischen- oder Ausweich-Marketingstrategie erschwert.

---

114 Bundesärztekammer (2016).

115 Bundesärztekammer (2007), Bundesärztekammer (2008 a).

116 Bundesärztekammer (2013), vgl. auch Pflugmacher (2014), S. 2.

117 Früher: Strukturverträge nach § 73a SGB V, Selektivverträge nach § 73c SGB V, Verträge zur integrierten Versorgung nach §§ 140a SGB V a. F.

118 Bundesärztekammer (2016), S. 3–7.

119 Braun (1992), S. 89, Bornemeier (2002), S. 38, vgl. auch Thiemeyer (1981), S. 576–78.

Diese öffentliche Bindung der ärztlichen Tätigkeit in freier Praxis wurde im Hinblick auf die **Zusammenarbeit mit der pharmazeutischen Industrie** kürzlich relativiert. Der Große Senat des BGH kam 2012 zu dem Ergebnis, dass niedergelassene Vertragsärzte weder als Amtsträger nach § 11 Abs. 1 Nr. 2 Buchstabe c StGB zu betrachten sind, noch als Beauftragte der gesetzlichen Krankenkassen im Sinne des § 299 StGB handeln. Die gesetzlichen Krankenkassen seien zwar Stellen öffentlicher Verwaltung im Sinne der gesetzlichen Amtsträgerdefinition. Der freiberuflich tätige Kassenarzt aber sei weder Angestellter noch Funktionsträger einer öffentlichen Behörde.[120] »Vielmehr werde er durch den Versicherten ausgewählt. Die Verordnung eines Arzneimittels vollziehe sich im Rahmen der ärztlichen Behandlung dieses Patienten, einem personal geprägten Vertrauensverhältnis zwischen dem Patienten und seinem Arzt.«[121]
Diese Entscheidung führte in der Folge zum **»Antikorruptionsgesetz«** im Gesundheitswesen in Form des § 299a und des § 299b StGB, um Bestechung und Bestechlichkeit in diesem Bereich zu unterbinden.[122]

Die spezifische **Beschränkung der ärztlich-unternehmerischen Freiheit** in eigener (und hier vermeintlich »freier«) Praxis resultiert summarisch aus einer berufsrechtlichen Reglementierung ebenso wie aus spezifischen Normen des Vertragsarztrechts. Beispielhaft illustrierend seien genannt:

- § 20 Abs. 1 Ärzte-ZV hält einen Arzt für eine vertragsärztliche Zulassung für ungeeignet, »wenn der Arzt (...) den Versicherten nicht in dem seinem Versorgungsauftrag **entsprechenden Umfang** persönlich zur Verfügung steht«, was das BSG in einer Begrenzung der erlaubten Nebentätigkeit auf 13 Wochenstunden interpretiert.[123]
- Ein Vertragsarzt darf darüber hinaus nur maximal drei Ärzte in seiner Praxis **anstellen**, während ein MVZ hierzu ohne quantitative Begrenzung berechtigt ist.[124]
- Im Hinblick auf seine (grundsätzlich erlaubte) gewerbliche Tätigkeit ist ein **Trennungsgebot**[125] gegenüber der freiberuflichen Betätigung einzuhalten (s. 2.1).
- Unter der Prämisse sowohl der Angemessenheit wie der Gleichbehandlung besteht eine obligatorische Dienstverpflichtung zur **Teilnahme an der ärztlichen Notfallversorgung**. Diese Pflicht ergibt sich schon aus der Zugehörigkeit zu dieser Berufsgruppe (nach § 26 MBO-Ä im Sinne einer Übernahme öffentlicher Sicherungsaufgaben durch die Ärztekammern), darüber hinaus aber auch aus dem Status als Vertragsärzte als Teil des staatlichen Sicherstellungsauftrags der KVen nach § 75 Abs. 1b S. 1 SGB V.

---

120 BGH, Beschluss vom 29.03.2012, Az. GSSt 2 / 11.

121 Vgl. http://www.lto.de/recht/hintergruende/h/bgh-verneint-strafbarkeit-von-kassenaerzten-wegen-bestechlichkeit-nach-leistungen-von-pharmaunternehmen.

122 Großkopf (2016), S. 220–222, Wohlfart (2017).

123 Halstrick (2006), S. 54.

124 Mihm (2017), S. 16, Ende 2015 arbeiteten dort im Schnitt 6,6 Ärzte.

125 Pflugmacher (2014), S. 1–2, vgl. auch OVG NRW, Urteil vom 18.02.2009, Az. 6t A 1456 / 05.T.

Auch diese notdienstliche Tätigkeit ist wirtschaftlich gesehen tarifiert und somit nicht immer finanziell attraktiv.[126]

- Die ärztliche **Schweigepflicht** erschwert (mindestens fallbezogen) ein internes Überwachungs-, Controlling- und wirtschaftliches Frühwarnsystem sowie die nicht-medizinische Zusammenarbeit mit externen Dienstleistern, z. B. Abrechnungsunternehmen. In jedem Einzelfall muss hier (ggf. auch wiederholt) eine individuelle Zustimmungserklärung der Patienten vorliegen.
- Bis zum Inkrafttreten des GKV-OrgWG am 15.12.08 galt schließlich eine **Altersgrenze** von 68 Jahren für die Kassenarztzulassung[127], was sich in dieser Form für keinen anderen selbständigen Freiberufler fand und findet.

Darüber hinaus begegnet der eigenständig erwerbswirtschaftlich tätige Arzt im Vertragsarztbereich einer kartellähnlichen Marktkonzentration in Form eines **Oligopols von Kostenträgern**, denen gegenüber er sich selbst korporativ in KVen oder (Hausarzt-) Verbänden zusammenschließt und kollektive Verhandlungen führt, an deren Ergebnisse er dann wiederum final gebunden ist (Verbands- statt marktwirtschaftliches System[128]). Eine individuelle Kostenrechnung angesichts eines praxisspezifischen Absatzmarktes findet in diesem Konzept nicht statt. Jüngere vertragliche Entwicklungen (z. B. der integrierten, sektorenübergreifenden Versorgung nach § 140a SGB V) lassen die GKV sogar teilweise schon als eine Art **Absatzmittler** für medizinische Leistungen erkennen.

Im **Ergebnis** führen diese Einschränkungen zu einem **Verlust** an individueller Handlungsautonomie, Flexibilität, Vertragsfreiheit, Planungselastizität, Möglichkeiten zur Prozessoptimierung, gelenktem Einsatz von Produktionsmitteln, freier Preisbildung und Preisstrategie sowie Differenzierung im Wettbewerb. Eine unabhängige, strategische Zielkonzeption und konsekutive Marktpositionierung, die sich z. B. auch durch spezifische Produkt- und Qualitätsvorteile im Wettbewerb mit Konkurrenten und Ersatzprodukten beweisen muss und zeitlichen Änderungen unterliegen kann, wird durch eine solche berufsrechtliche Vereinheitlichung und Standardisierung eher unterbunden. Wirtschaftlich effektive und effiziente Mechanismen, wie z. B. die rationalisierende **Substitution** (des Arztes und / oder seiner Leistung) oder eine (horizontale bzw. vertikale) **Integration** über die gesamte Wertschöpfungskette hinweg mit der damit verbundenen (Koordinations-) Logistik, werden normativ eingeengt oder sogar außer Kraft gesetzt. Die Elimination nicht wertschöpfender Prozessanteile ist objektiv stark eingeschränkt.

Von niedergelassenen, freiberuflich arbeitenden Ärzten wird darüber hinaus erwartet, dass sie trotz eines notwendigen betriebswirtschaftlichen Bewusstseins keine Diffe-

[126] Laufs (2010), S. 188–192.

[127] Nach dem ersatzlos gestrichenen § 95 Abs. 7 SGB V.

[128] Vgl. MHBA-Text 51, S. 3–4.

renzierung zwischen gewinn- und verlustträchtigen Produktklassen vornehmen[129] und eine wirtschaftliche **Risiko- oder Wertselektion**[130] gegenüber ihren Leistungsnehmern unterlassen.

Trotz der politisch gewollten **zwangskollektiven** ärztlichen Berufsorganisation in Kammern und KVen ist umgekehrt ihr Recht zu einer gemeinsamen berufspolitischen (Protest-) Aktivität in quasi-genossenschaftlichen Strukturen zur Wahrnehmung und Durchsetzung wirtschaftlicher Ziele trotz Art. 9 Abs. 3 S. 1 GG **spezifisch eingeschränkt.**

§ 95b Abs. 1 SGB V untersagt dahingehend ausdrücklich: »Mit den Pflichten eines Vertragsarztes ist es nicht vereinbar, in einem mit anderen Ärzten aufeinander abgestimmten Verfahren oder Verhalten auf die Zulassung als Vertragsarzt zu verzichten«, also einen kollektiven Verzicht auf die Kassenzulassung auszusprechen und aus dem GKV-System auszuscheiden. Als wirtschaftliche Sanktionen werden ein sechsjähriger Bann auf Wiederzulassung (§ 95b Abs. 2 SGB V) und / oder eine tarifliche Honorarbeschränkung unter den GOÄ-üblichen Regelsatz (§ 95b Abs. 2 SGB V) angedroht.

Der Staat als verfassungsrechtlich legitimierter Marktgestalter und gleichzeitig mono- bis oligopolistisch[131] beherrschende Marktpartei[132] unterbindet damit faktisch die verfassungsrechtlich garantierte Koalitionsfreiheit für Ärzte nach Art. 9 Abs. 3 GG und entledigt sich seiner Beteiligungs- und Alimentationspflichten gegenüber den Trägern der medizinischen Leistungserbringung.[133] Zusammen mit den zahlreichen anderen Beschränkungen der ärztlich-unternehmerischen Freiheit mag man hier in letzter Konsequenz auch eine sukzessiv nicht mehr hinnehmbare »kumulative Belastung durch Grundrechtseingriffe« erkennen.[134]

---

129 Vgl. für den analogen Wandel im Führungs- und Entscheidungsverhalten von Krankenhäusern nach Einführung des DRG-Systems u. a. MHBA-Text 53.

130 Vgl. Kundenwertmodell nach Diller, MHBA-Text 9, S. 8–12.

131 Neben der PKV und der finanziellen Selbsttragung durch den Patienten (Selbstzahlerleistungen).

132 Mittelbar über die GKV, aber z. B. auch unmittelbar über die Beihilfe der Beamten.

133 Preis (2010), S. 145.

134 Preis (2010), S. 145.

4 Einwirkung der Normgeber auf die erwerbswirtschaftliche ärztliche Betätigung

4.1 Principal-Agent-Beziehung

Die personal orientierte Beziehung zwischen Arzt und Patient steht im Zentrum des medizinischen Leistungserstellungs- und Wertschöpfungsprozesses[135] und ist wie andere Bereiche des Dienstleistungssektors auch von einer starken (hierarchischen) **Asymmetrie** geprägt.[136] Anders als in den klassischen (idealisierten) Marktkonstellationen ist hier i. d. R. nicht von systematisch rationalen, umfänglich informierten und souveränen Akteuren auf der Nachfrage- bzw. Konsumentenseite auszugehen. Nach der **Delegationstheorie** von Arrow verschiebt sich im Gegenteil im Gesundheitswesen die für ein effizientes Wirtschaftssystem eigentlich konstitutive Nachfrageautonomie vom Patienten auf den Arzt.[137]
Persönliche Gesundheitsstörungen werden im Regelfall ausgesprochen emotional wahrgenommen. Die Entscheidung hierüber fällt also keineswegs autonom oder konsumentensouverän und ihre Behandlung ist ein ausgesprochenes Vertrauensgut.[138] Die Auswahl einer ärztlichen Behandlung ist somit ein »**Vertrauenskauf**« ohne Möglichkeit zur Vorabprüfung und erfordert schließlich die integrative Mitwirkung des Leistungsnehmers. Patienten tendieren in diesem Verhältnis darüber hinaus zu einer Minderschätzung ihrer künftigen Bedürfnisse.[139]
Ferner ist die Beschaffung von Produkt- und Dienstleistungsinformationen durch eine **individuelle und heterogene Fallgestaltung** objektiv eingeschränkt und aus öffentlich zugänglichen Informationsquellen zumeist nicht repräsentativ. Die regelmäßige Einholung von medizinischen Ergänzungsgutachten und Zweitmeinungen, die diesen Informationsstand verbessern würden, wäre mit einer überproportionalen Erhöhung der Informationsbeschaffungs- und Transaktionskosten verbunden.

Die Asymmetrie der Arzt-Patient-Beziehung resultiert aus beschränktem Fachwissen, begrenzter Informationsverarbeitungskapazität und knapper Zeit des wirtschaftlichen Nachfragers (Konsumenten) Patient und verschafft dem medizinischen Leistungersteller (Produzenten) Arzt durch die (erwünschte) Delegation von Verantwortung seitens des Patienten einen diskretionären Ermessens- und Handlungsspielraum sowie **komparative Vorteile** in dieser marktlichen Beziehung.[140] Diese Asymmetrie wird verstärkt

---

135 Schneider (1998), S. 3.

136 Henke (2006), S. 115–116, vgl. MHBA-Text 1, S. 33–36.

137 Henke (2006), S. 116.

138 Emons (2001), S. 668, Kern (2002), S. 2.

139 Kern (2002), S. 2.

140 Schneider (1998), S. 5, Schneider (2001), Kern (2002), S. 2, zur Kritik an der »Ökonomisierung« der Arzt-Patienten-Beziehung aus Sicht der unterschiedlichen Marktteilnehmer vgl. u. a. Huber (2002), Bauer (2004),

durch die monopolähnliche, alternativ- bzw. substitutionslose Stellung des Arztes, dessen Approbation ihn alleine zur Ausübung der Heilkunde berechtigt.[141]
Dieses Missverhältnis wird noch verstärkt durch das jedem Dienstleistungsverhältnis innewohnende irreversible **uno actu-Prinzip**[142] (Leistungsaufbrauch simultan zur Leistungserstellung) und die Schwierigkeiten bei der Bestimmung sowohl der medizinischen Behandlungsqualität (also der *Effektivität* der Dienstleitung) wie des wirtschaftlichen Ergebnisses ärztlichen Handelns (also der *Effizienz* der Dienstleistung), die beide stark vom Gesundheits(ausgangs)zustand des Patienten und seiner Mitarbeit (Compliance) bei dieser Form der **kooperativen Leistungserstellung** abhängig sind. Der Patient tritt in dieser marktlichen Beziehung also nicht nur als passiver Konsument, sondern auch als aktiver, externer Produktionsfaktor auf.[143] Auch ihm ist daher ein eigener diskretionärer Handlungsspielraum zuzumessen.

Insgesamt ist dieses Marktverhältnis durch große **wechselseitige Unsicherheit** über das Verhalten der jeweiligen Gegenseite geprägt.[144] Es besteht im Ergebnis keine optimale Risikoaufteilung für eine funktionierende Marktbeziehung.[145] »Die Interdependenzen zwischen den verschiedenen Akteuren und die unterschiedlichen Interessen lassen es für den einzelnen Teilnehmer interessant erscheinen, durch einen Informationsvorsprung gegenüber den anderen Teilnehmern, die Erreichung individueller Ziele zu fördern.«[146]
Das Ergebnis des medizinischen Leistungserstellungs- und Wertschöpfungsprozesses unterliegt ferner nicht allein der fachlichen Qualität des Arztes[147], sondern – vor dem o. g. Hintergrund des Gesundheits(ausgangs)zustandes (der Morbidität) des Patienten und seiner Compliance im Behandlungsprozess sogar maßgeblich – einer erheblichen, zufälligen und individuellen **Variabilität.**
Rechtlich wird diesem Umstand dadurch Anerkennung geschuldet, dass es sich beim Behandlungsvertrag nicht um einen üblichen Werkvertrag nach § 631 BGB (in dem der Auftragnehmer dem Auftraggeber ein mängelfreies Werk oder Ergebnis schuldet), sondern um einen Dienstvertrag nach § 611 BGB handelt (in dem der Auftragnehmer dem Auftraggeber lediglich ein redliches Bemühen nach geltendem fachlichen Standard zu leisten verpflichtet ist).

Schultheis (2004), Leidner (2009), Thielscher (2016).

141 Henke (2006), S. 115.

142 Z. B. mangelnde Lager- und Transportfähigkeit des Wirtschaftsgutes, mangelnde Umkehrbarkeit der Dienstleistung, Schneider (1998), S. 18.

143 Schneider (1998), S. 17–18, vgl. auch MHBA-Text 8, S. 42.

144 Gaynor (1994), S. 17.

145 Schneider (1998), S. 6.

146 Schneider (1998), S. 14.

147 Ollenschläger (1995).

Die hierauf anwendbare **Principal-Agent-Theorie** besagt im Wesentlichen, dass ein Auftraggeber (oder *Principal*, hier: der Patient) eine Aufgabe an einen Auftragnehmer (oder *Agenten* bzw. Sachwalter, hier: den Arzt) verantwortlich delegiert, dessen Entscheidungen und Handlungsweisen er jedoch nicht wirklich zuverlässig beurteilen kann und die wiederum positiven oder negativen Einfluss auf die Nutzenposition des Principals ausüben können.[148] Eine (in dieser Beziehung zweifellos vorhandene) erhebliche Informationsasymmetrie vorausgesetzt, die es verhindert, dass der Principal die Effizienz und Effektivität des Agenten ausreichend beurteilen kann, entsteht zuvörderst ein einseitiger Moral Hazard[149] des Agenten, der um eine kosten- und erlösoptimale Leistungserstellung bemüht sein wird. Aber auch der Patient ist nach einem versicherten Schadenseintritt zur »Ausbeutung seiner Möglichkeiten« (z. B. Erlangung von Arbeitsunfähigkeit oder Berentung) motiviert, was zu einem doppelten oder zweiseitigen Moral Hazard und einer ineffizienten Allokation knapper wirtschaftlicher Ressourcen führt.[150]

Beide Faktoren, also einerseits die *vor*vertragliche **Informationsasymmetrie** hinsichtlich der erwartbaren Produktqualität (= »hidden characteristics«[151]) (vor dem Beginn einer ärztlichen Behandlung) mit konsekutiver Begünstigung einer adversen Selektion[152] und andererseits ein **(Double) Moral Hazard**[153] (Informationsvorteile *nach* Vertragsabschluss, also hier: in einer laufenden ärztlichen Behandlung) behindern bzw. unterbinden in diesem Marktverhältnis – zusammen mit dem Umstand, dass die Kosten beider Entscheidungen von einem unabhängigen Dritten (Träger) wirtschaftlich übernommen werden müssen – die Entstehung eines **Pareto-Optimums**, z. B. durch originäre Entlohnungs- und Anreizsysteme.[154]

Diese Mechanismen werden dadurch verstärkt, dass neben dem Arzt-Patient-Verhältnis simultan auch interdependente Beziehungen zwischen dem Patienten und seinem Kostenträger Krankenversicherung sowie zwischen der Krankenversicherung und dem Leistungserbringer Arzt bestehen.[155] Auch diese marktlichen Beziehungen unterliegen jeweils einer Dysbalance durch Informationsasymmetrie und Moral Hazard vor allem im Rahmen der gesetzlichen, aber – relativ gesehen – ebenfalls bei der privaten Krankenversicherung.[156] Auf Grund seiner zentralen und starken Stellung als doppelter Agent

---

148 Schneider (1998), S. 5.

149 Hier als rationales ökonomisches Verhalten zu bewerten.

150 Schneider (1998), S. 9 und 16, Henke (2006), S. 117.

151 Vgl. https://de.wikipedia.org/wiki/The_Market_for_Lemons.

152 Vgl. https://de.wikipedia.org/wiki/Adverse_Selektion, Emons (2001), S. 664.

153 Schneider (1998), S. 16.

154 Schneider (1998), S. 5, Gaynor (1998), S. 19–20.

155 Schneider (1998), S. 14.

156 Schneider (1998), S. 19.

sowohl des Patienten (Versicherten) wie seines Kostenträgers (Krankenversicherung)[157] dominiert der Arzt dieses Dreiecksverhältnis wirtschaftlich.

Im **Ergebnis** versucht der Ökonom in diesem theoretischen Konstrukt, die Beziehungen zwischen Auftraggeber (Principal) und Auftragnehmer (Agent) so zu organisieren bzw. zu modellieren, dass der (Erwartungs-) Nutzen des Principals maximal und der resultierende Wohlfahrtsverlust für die Marktparteien minimal ist.[158] Für die drei jeweils bilateralen Beziehungen zwischen Arzt, Patient und Krankenversicherung ist die Betrachtung und Beachtung ihrer wirtschaftlichen Interdependenzen und marktlichen Rückkopplungseffekte dabei essentiell.[159]

In diesem Sinn ist auch die **berufs-, kammer- und standesrechtliche Reglementierung** des Arztes durch den Normgeber begründet und intendiert. Sie soll helfen, die bestehende Informationsasymmetrie auszugleichen, das Auseinanderfallen der Einheit von Nachfrager, Konsument und Finanzier (mindestens teilweise) zu kompensieren, somit die fehlende Marktbalance mindern bzw. wettmachen und das hierauf bezogene Marktversagen verhindern.[160] Vor dem Hintergrund der dadurch konstituierten Qualitätsansprüche soll – analog dem ***Lemons*-Modell** von Akerlof[161] – eine gleichbleibende Angebotsqualität (gemäß dem Erwartungswert des Nachfragers) garantiert und z. B. die Marktverdrängung von Anbietern hoher Produktqualität möglichst verhindert werden.
Eine Form des möglichen **Ausgleichs** liegt in der Übertragung der (wirtschaftlichen und fachlichen) Sachwalterschaft von der persönlichen Arzt-Patienten-Beziehung auf entsprechend legitimierte Verbände von Leistungserbringern und Kostenträgern, auf wirtschaftlich involvierte private Versicherungsunternehmen oder Arbeitgeber sowie staatliche Organe und Gremien.[162] Damit soll die bestehende Informationsasymmetrie ausgeglichen werden. Diese Vorgehensweise führt aber gleichzeitig auch zu einer Zunahme der beiderseitigen **Informations- und Transaktionskosten** (Agenturkosten).[163]
Diese kollektiv bzw. korporativ gestützte Beschränkung der individuellen erwerbswirtschaftlichen ärztlichen Betätigung wird flankiert von rechtlichen Eingrenzungen anderer Marktteilnehmer im Gesundheitswesen[164], von denen der gesetzlichen Model-

157 Schneider (1998), S. 20.

158 Schneider (1998), S. 5–7.

159 Schneider (1998), S. 21.

160 Schneider (1998), S. 17.

161 Akerlof (1970), S. 488–491, Emons (2001), vgl. https://de.wikipedia.org/wiki/The_Market_for_Lemons, im deutschen Sprachgebrauch etwa vergleichbar dem »Montagsauto«.

162 Schneider (1998), S. 17.

163 Vgl. https://de.wikipedia.org/wiki/The_Market_for_Lemons.

164 Hier z. B. Versicherungspflicht des Patienten, Kontrahierungszwang der gesetzlichen Krankenversicherung, Schneider (1998), S. 14–15.

lierung des Vertragsverhältnisses zwischen Versicherten und Krankenversicherung wohl noch der größte Stellenwert zukommt.[165] Grundsätzlich erfordern die Partialeffekte gesetzgeberischer Maßnahmen jedoch immer wieder die Berücksichtigung von unmittelbaren oder mittelbaren Interdependenzen und (ggf. unerwünschten) Rückkopplungseffekten.[166]

Neben dieser Form des übergeordneten, rechtlich reglementierten, verbandsbezogenen Ausgleichs in einem asymmetrischen »Market for Lemons« bestehen in dem erwerbswirtschaftlichen Arzt-Patienten- (Vertrags-) Verhältnis weitere mikroökonomisch anwendbare Lösungsmöglichkeiten in unterschiedlicher Ausprägung, wie etwa das **Signalling**[167] (z. B. in Form von Qualitätszertifikaten), der Einsatz von (Handels-) **Mittlern**[168] (z. B. durch Beratungsleistungen des Medizinischen Dienstes der Krankenversicherung oder der einzelnen gesetzlichen Krankenversicherungen) und – allerdings fast ausschließlich im Bereich der privaten Krankenversicherung – das **Screening**[169] (z. B. per Selbstselektion eines differenzierten Versicherungsstatus mit unterschiedlichem Leistungsumfang und Selbstbehalt).
Diese Lösungsmöglichkeiten sind jedoch im Vergleich zu einem vollkommen transparenten Marktgeschehen zumeist als wohlfahrtssuboptimal zu bezeichnen.[170] Sie berücksichtigen z. B. nicht, dass die dadurch engagierten Krankenkassen auch Eigeninteressen verfolgen könnten (z. B. im Hinblick auf den Risikostrukturausgleich der Krankenkassen »Morbi-RSA«, der es für die jeweilige Krankenkasse als vorteilhaft erscheinen lässt, bei ihren Versicherten einen möglichst hohen Morbiditätsstatus feststellen zu lassen).[171] Da der Normgeber jedoch selbst unter einer tatsächlichen Informationsasymmetrie leidet, wird im Ergebnis verständlich, warum er sich zur Marktordnung dieses Regulierungsbereiches u. a. der funktionalen Selbstverwaltung in Form von Kassenärztlichen Vereinigungen sowie Krankenkassenverbänden als **ergänzender Sachwalter**[172] bedient.

Kritisch bliebe abschließend zu hinterfragen, inwieweit diese ökonomische Principal-Agent-Theorie heute überhaupt noch Gültigkeit beanspruchen kann, wo doch den Nachfragern ärztlicher Dienstleistungen jederzeit eine überbordende Fülle von medi-

---

165 Schneider (1998), S. 22–23, vor allem im Hinblick auf die erforderliche Prämienzahlung und den dafür gewährten Leistungsumfang.

166 Schneider (1998), S. 23.

167 Emons (2001), S. 665–666.

168 Nach § 66 SGB V für Behandlungsfehler, nach § 115 Abs. 3 S. 7 SGB XI für Pflegefehler, nach § 27b Abs. 1 und 6 SGB V für eine ärztliche Zweitmeinung vor planbaren Eingriffen und nach § 65b SGB V zur »Förderung von Einrichtungen zur Verbraucher- und Patientenberatung«.

169 Emons (2001), S. 666.

170 Vgl. https://de.wikipedia.org/wiki/Adverse_Selektion.

171 Schneider (1998), S. 17.

172 Schneider (1998), S. 24.

zinischen Informationen **digital** und verzögerungslos zur Verfügung steht und gleichzeitig **soziale Medien** einen unmittelbaren Austausch mit anderen Marktteilnehmern (Erfahrungswissen) und Wettbewerbern (Konkurrenzwissen) in hoher Dichte erlauben.

4.2 System der funktionalen Selbstverwaltung

4.2.1 Prinzipien, institutionelle Arrangements und praktische Umsetzung

Das Prinzip der **funktionalen Selbstverwaltung** folgt betriebswirtschaftlich gesehen den ökonomischen Effizienzvorteilen der Spezialisierung von Aufgaben und mithin der **Komplexreduktion** staatlicher Verwaltung hin zu einer reinen Aufsichtstätigkeit.[173] Es reduziert durch hierarchische institutionelle Arrangements wechselseitig die **Transaktionskosten**, beabsichtigt die Verhinderung opportunistischen, eigennützigen Anbieterverhaltens und verwirklicht ökonomische Vorteile der **kooperativen Leistungserstellung**, z. B. durch Anstieg des individuellen Routinegrads und der durchschnittlichen Ergebnisqualität.[174] Damit wird idealerweise auch eine Verminderung der Produktionskosten erreicht.
Die Kosten einer funktionalen Selbstverwaltung, z. B. durch Kammern oder Verbände, werden ferner über die Beiträge ihrer Zwangsmitglieder getragen und müssen somit nicht mehr über das allgemeine Steuerbudget finanziert werden.[175] Systematisch gesehen ist diese Selbstverwaltung ein **dispositiver** (Management-) Faktor. Teleologisch folgt diese Strategie einer **utilitaristischen** Betrachtungsweise, indem sie die Maximierung des (gesundheitlichen) Gesamtnutzens der Bevölkerung anstrebt.[176]

Es werden in diesem Konzept hoheitliche Aufgaben zur praktischen Ausführung an diejenige Ebene delegiert, auf der ein Höchstmaß an Lösungskompetenz und Effektivität vermutet werden kann.[177] Damit soll auch eine autonome **Entscheidungsteilhabe** der unmittelbar Betroffenen und eine Verwirklichung ihrer Schutzrechte erreicht werden.[178] Die Abgabe staatlicher Verantwortung an öffentlich-rechtliche Körperschaften ist im Ergebnis auch Ausdruck eines **Subsidiaritätsgedankens**, wonach Probleme am funktionalsten und wirtschaftlichsten auf derjenigen Ebene gelöst werden können, auf der sie

[173] Vgl. MHBA-Text 53.

[174] Vgl. MHBA-Text 1, S. 36–38, u. a. zur Make or Buy-Entscheidung, MHBA-Text 53.

[175] Vgl. Schmidt-Trenz (2007), S. 19.

[176] Vgl. https://de.wikipedia.org/wiki/Utilitarismus, Abruf am 02.09.2017.

[177] Taupitz (1997), S. A-3082.

[178] Taupitz (1997), S. A-3078 und A-3082.

entstehen.[179] Ein wesentlicher Grund für diese kontrollierte Übertragung des staatlichen Gewaltmonopols an einzelne Berufsgruppen ist somit die Erkenntnis, dass diese zur Regelung ihrer inneren und gesellschaftlichen Aufgaben besser qualifiziert sind (oder sein sollten) als der Normgeber selbst.
Funktionale Selbstverwaltung verlangt als ein praktischer Übergang exekutiver Gewalt an nicht-staatliche Organisationen (zumeist strukturiert als Körperschaften des öffentlichen Rechts[180]) nach höchstrichterlicher Rechtsprechung[181] immer nach einer normativen **Gesetzesgrundlage**.

Im Ergebnis bleibt festzustellen, »daß die der Ärzteschaft von der Gesellschaft zugestandene und zugleich auferlegte Selbstkontrolle die Aufgabe hat, das spezifische Dilemma der Unkontrollierbarkeit kontrollbedürftiger Leistungserbringung zu lösen.«[182] Die staatliche **Steuerungswirkung** bleibt in diesem Konzept jedoch erhalten. Betriebswirtschaftlich betrachtet könnte man formulieren, dass das Controlling von Struktur- und Ergebnisqualität in der öffentlichen Gesundheitsversorgung staatlich monopolisiert bleibt, während das Prozesscontrolling in die Hände der exekutiven Ebene gegeben wird.
Dieses Vorgehen ist – obgleich vielfältig angewandt – durchaus nicht **unumstritten** und setzt nach höchstrichterlicher Rechtsprechung immer eine Machtkontrolle durch gesetzliche Beauftragung und Eingrenzung sowie staatliche Aufsicht voraus. Im Falle der Ärztekammern besteht deren **rechtlicher Rahmen** in den Heilberufsgesetzen der Bundesländer, die **praktische Kontrolle** wird z. B. in NRW durch die zuständigen Bezirksregierungen, in letzter Konsequenz durch die jeweiligen Gerichte ausgeübt.

Kritik an dieser Form der berufsständischen Selbstverwaltung wurde z. B. dahingehend geübt, dass diese institutionalisierten Körperschaften innovationsfeindliche, eigeninteressengeleitete Barrieren der Überregulierung errichteten[183]. Zudem würden solche Kammern freier Berufe stellenweise wie Unternehmensvereinigungen agieren und insofern auf kartellrechtliche Bedenken, z. B. nach dem GWB, stoßen.[184] Es bestünden darüber hinaus strategische Zielkonflikte und sich widersprechende Motivationsanreize.
Funktionale Selbstverwaltung ist tatsächlich nicht *per se* funktional und verlässlich. So beschloss z. B. der Bundestag am 26.01.2017 auf Grund von Unregelmäßigkeiten im Geschäftsbetrieb der KBV das »Selbstverwaltungsstärkungsgesetz«, das dem Bundesge-

---

[179] Vgl. Taupitz (1997), S. A-3080.

[180] Vgl. MHBA-Text 5, S. 43.

[181] Taupitz (1997), S. A-3078.

[182] Taupitz (1997), S. A-3082.

[183] MHBA-Text 1, S. 40–41.

[184] Vgl. zur Problematik z. B. Oehlers 1996, MHBA-Text 2, S. 42.

sundheitsministerium stärkere Kontrollrechte über die Tätigkeit dieser selbstgewählten Organe der Spitzenverbände und deren Gremien einräumt.[185]

4.2.2 Ärztekammern

Ärztekammern werden als hybride Organisationsformen von staatlicher bzw. hoheitlicher Macht und privater Unternehmung dem sog. »dritten Sektor« zugeordnet.[186] Ihnen ist es als autonomen juristischen Personen und Körperschaften öffentlichen Rechts per Gesetz übertragen, in mittelbarer Staats- und funktionaler Selbstverwaltung die **Berufspflichten** ihrer Kammerangehörigen mittels eigener Berufsordnungen als Satzungsrecht näher zu konkretisieren, zu überwachen und Verstöße hiergegen zu sanktionieren.[187] Diese Übertragung hoheitlicher Aufgaben fußt auf dem Gedanken der öffentlichen Schutzpflicht gegenüber einer fachunkundigen Bevölkerung (s. 4.1 zur Principal-Agent-Beziehung).[188]
Alle deutschen Ärzte sind ab ihrer Approbation **Zwangsmitglieder** ihrer regionalen Landesärztekammer.[189] Diese berufsrechtliche Verpflichtung reicht sogar noch über das Ende ihrer beruflichen Tätigkeit hinaus. Ein Austritt ist faktisch nicht denkbar.

Die Ärztekammern sind zur Erfüllung dieser hoheitlichen Aufgaben mit weitreichenden **Rechten** ausgestattet, die z. B. Rechtssetzungs- und Aufsichtsfunktionen[190], Ermittlungsbefugnisse[191], die Exekution von Disziplinarmaßnahmen[192], die Erhebung von (Mitglieds-) Beiträgen und die Regelung von Markteintritt[193], -verhalten[194] und -ordnung[195] umfassen. Da das Rechtsverhältnis der Ärztekammern gegenüber ihren Mitgliedern hoheitlichen Charakter hat und ihre Entscheidungen Verwaltungsakte darstellen, führt der Rechtsweg der hiervon Betroffenen über die Verwaltungsgerichte.[196]

---

[185] Vgl. FAZ vom 28.01.2017, Nr. 24, S. 20.

[186] Schmidt-Trenz (2007), S. 12.

[187] Laufs (2010), S. 152–156.

[188] Vgl. MHBA-Text 31, S. 10–11; ein solcher Anspruch gerät allerdings in Zweifel, wenn auch wissenschaftlich hinsichtlich ihres therapeutischen Effekts nicht belegte Behandlungsverfahren (z. B. Homöopathie) in einen solchen Schutzbereich mit einbezogen werden, vgl. Beeger (2017), S. 22.

[189] MHBA-Text 31, S. 10.

[190] Laufs (2010), S. 153–154.

[191] Scholz (2013).

[192] Bis hin zum zeitweiligen Entzug der staatlich verliehenen ärztlichen Approbation.

[193] Z. B. Weiterbildungsinhalte und -vorgaben (öffentliches Führen von ärztlichen Bezeichnungen, Zulassung zu einem Tätigwerden in bestimmten Fachgebieten).

[194] Z. B. Kollegialitätsgebot.

[195] Z. B. Werbe- und Kooperationsverbote.

[196] Laufs (2010), S. 155.

Die **Heilberufsgerichtsbarkeit** als Marktordnungssystem wird ergänzend zum BGB, Straf- und Wirtschaftsrecht ausgeübt und fußt dogmatisch auf der Auffassung eines **»berufsrechtlichen Überhangs«**[197]. Es wird unterstellt, dass Delikte bei einem dem Gemeinwohl besonders Verpflichteten auch gegen seine berufsmäßige Stellung und Würde verstoßen und daher besonderer Sanktion bedürfen. Dies bezieht sich z. B. auf Sachverhalte, die in einem Strafverfahren noch nicht erfasst wurden, und denen ein anders gelagertes, erschwertes Sanktionsbedürfnis der Öffentlichkeit durch einen Verstoß gegen die besonderen Berufspflichten des Arztes zukommt, selbst wenn sie außerhalb der ärztlichen Tätigkeit erfolgten (z. B. bei Verkehrsdelikten, aber auch bei Wirtschaftsdelikten wie [Abrechnungs-] Betrug und Bestechung, insbesondere im Hinblick auf die ärztliche Liquidation und die Schädigung der Solidargemeinschaft).[198]
Mit dieser Vorgehensweise wird – puristisch gesehen – eigentlich ein Legalitätsprinzip des deutschen Rechts verletzt, wonach ein gesetzlicher Verstoß nur ein einziges Mal geahndet werden könne (»ne bis in idem«).[199] Und tatsächlich: »Die eingeengte ärztliche Generalpflichtenklausel hat im Berufsrecht der Anwälte, Wirtschaftsprüfer, Steuerberater und im Dienstrecht der Beamten keine Parallele.«[200]

Für Grundrechtseingriffe, wie z. B. in Art. 12 Abs. 1 GG, ist deren Legitimation durch einen rahmenmäßigen Gesetzesvorbehalt zu beachten, der hier i. d. R. durch die länderspezifischen Heilberufsgesetze gewahrt ist.[201] Bei Verstößen verfügen Ärztekammern über die Möglichkeit berufsrechtlicher **Sanktionen**, die über Mahnung, Rüge und Ordnungsgeld bis hin zu Verwarnung, Verweis, Entziehung des passiven Berufswahlrechts, Geldbußen und Feststellung der Unwürdigkeit zur Ausübung des ärztlichen Berufes reichen können.[202] Der endgültige Entzug der (staatlichen) Approbation kann aber nur von der Aufsichtsbehörde ausgesprochen werden.[203]
Solche satzungsrechtlichen Normsetzungsbefugnisse rangieren unterhalb des formellen Gesetzesrechts, sind für den Arzt jedoch verbindliche Berufsausübungsordnung.[204] Sie begründen für sich genommen jedoch keine schuldrechtlich durchsetzbaren Ansprüche eigener Art.[205]

[197] Laufs (2010), S. 168–169, Gerst (2011), S. A-499.

[198] Gerst (2011), S. A-500, Großkopf (2016), S. 220–222.

[199] Analog dazu: Steuerhinterzieher sind als Privatpiloten nicht geeignet, VG Düsseldorf, Urteil vom 18.05.2017, Az. 6 K 7615 / 16.

[200] Laufs (2010), S. 163.

[201] LSG BW, 17.04.2013, Az. L 5 R 3755 / 11, Rn. 132, NZS 2013, 501.

[202] Gerst (2011), S. A-504, Ruffert (2011), S. 298–302.

[203] Gerst (2011), S. A-502.

[204] Ratzel / Lippert, MBO, Einleitung, Rn. 1, § 1, Rn. 3.

[205] BAG, Urteil vom 20.07.2004, Az. 9 AZR 570 / 03, Os. 2, Rn. 20 m. w. N., GesR 2005, 332.

Ärztekammern sind Ausdruck des klassischen **kammertypischen Dreiklangs** in ihrer Funktion als Standesvertretung, Standesaufsicht und Standesförderung.[206] Aus diesen abstrakten und allgemeinen Zielen resultieren unter anderem folgende Aufgaben: Schaffung einer einheitlichen Berufsethik, Formulierung einer verbindlichen Berufsordnung, sachverständige Beratung des Gesetzgebers, Beteiligung an Gesetzgebungsverfahren und Kooperation mit der öffentlichen Verwaltung, Umsetzung gesetzlicher Bestimmungen, Überwachung der beruflichen Fort- und Weiterbildung, Abnahme von Prüfungen, Festlegung von Standards für Ausbildung und Praxis, Benennung von Sachverständigen, Schiedsstellentätigkeit zur Beilegung von Streitigkeiten, die sich aus der Berufsausübung zwischen den ärztlichen Mitgliedern oder diesen und Dritten ergeben, Disziplinarrecht bei Verstößen gegen Berufsethik und Berufsordnung, Information der Kammermitglieder, Erhebung und Auswertung berufsrelevanter Daten sowie Öffentlichkeitsarbeit.[207]

Die Ärztekammern entwickeln, exekutieren und steuern somit u. a. umfangreiche ärztliche **Marktzugangs- und ordnungsvorschriften.**[208] Diese drücken sich beispielsweise in der Erarbeitung einer Weiterbildungsordnung aus, die wiederum mittelbar die Möglichkeiten zur Niederlassung in eigener Praxis, die Teilnahme an der vertragsärztlichen Versorgung oder die Abrechenbarkeit von Leistungen bestimmt. Es gilt nämlich: »§ 95a SGB V schreibt für den Zugang zur vertragsärztlichen Versorgung den erfolgreichen Abschluss einer Facharztweiterbildung vor.«[209] Ferner setzen sie Rahmenbedingungen für wirtschaftliche Kooperationsformen, z. B. nach § 23a bis § 23d, § 29a und § 31 Abs. 2 MBO-Ä, und greifen selbst in privatrechtliche Verträge ein, z. B. in Arbeitsverhältnisse nach § 23 MBO-Ä oder berufliche Aktivitäten nach § 24 MBO-Ä.

Insofern besteht eine politisch gewollte und erwerbswirtschaftlich relevante **Privilegierung der freiberuflichen Selbstverwaltung** in Deutschland, auch wenn diese im europäischen Kontext und unter Bezug auf die von der EU-Kommission propagierte Notwendigkeit einer europaweiten Harmonisierung des Dienstleistungsmarktes immer wieder – und auch hinsichtlich ihrer ökonomischen Sinnhaftigkeit – in Frage gestellt wird.[210]
Ärztliche Selbstverwaltung ist zusammenfassend »keine private und rein interne Angelegenheit des Berufsstandes«, sondern »eine auch der Allgemeinheit und dem Gemeinwohl verpflichtete Institution«[211]. Ärztekammern üben die ihnen übertragenen hoheitlichen Aufgaben gleichermaßen gestalterisch ausformend wie einschränkend und immer

[206] Vgl. https://de.wikipedia.org/wiki/Pflegekammer.

[207] Vgl. https://de.wikipedia.org/wiki/Pflegekammer.

[208] Vgl. Hösel (2010).

[209] Laufs (2010), S. 125, heute genauer: § 95 Abs. 1 Alt. 2 SGB V.

[210] Vgl. Taupitz (1997), S. A-3087-A-3088, hmk./rike (2017) S. 22.

[211] Taupitz (1997), S. A-3078.

auch mit einem eigenen Ermessensspielraum[212] aus, z. B. im Bereich der Prüfungsordnungen und Qualifikationsnachweise, der Werbung, hinsichtlich zulässiger Kooperationsformen und zum interkollegialen Umgang. Sie werten und sanktionieren ärztliches Handeln, z. B. durch eine eigene Schieds- und Berufsgerichtsbarkeit.

4.2.3 Kassenärztliche Vereinigungen

Aufgaben der funktionalen ärztlichen Selbstverwaltung und damit eine berufsrechtliche Regelungsbefugnis werden auch von den **Kassenärztlichen Vereinigungen** wahrgenommen.[213] Ihnen obliegt besonders die Gewährleistung des öffentlichen Sicherstellungsauftrages nach §§ 72 und 75 SGB V gegenüber den gesetzlichen Krankenkassen, die Überwachung der Einhaltung gesetzlicher und vertraglicher Erfordernisse (z. B. auch mittels Wirtschaftlichkeitsprüfung und Honorarberichtigung) und die Abrechnung bzw. Verteilung der vereinbarten und vereinnahmten Honorare.[214]

Ärztekammern und Kassenärztliche Vereinigungen sind zur Erfüllung dieser Aufgaben als **Körperschaften des öffentlichen Rechts** ausgebildet. Kassenärztliche Vereinigungen sind von den Ärztekammern, in denen alle Ärzte ab ihrer Approbation von Gesetzes wegen Pflichtmitglieder sind, aber derart zu unterscheiden, dass sie als korporativ organisierte Selbstverwaltungskörperschaften nach § 77 Abs. 5 SGB V im System der GKV ausschließlich die niedergelassenen oder ermächtigten Vertragsärzte vertreten und weitgehend exklusiv sowie eigenverantwortlich mit den anderen Sozialpartnern im Rahmen ihres umfassenden Sicherstellungsauftrags nach §§ 72 und 75 SGB V die öffentliche Gesundheitsversorgung der Bevölkerung im Rahmen der GKV organisieren und gewährleisten.[215]
Hierher gehört vor allem auch die **Bedarfsplanung** für einen bestimmten Versorgungsbezirk als Marktzugangsbeschränkung in das staatliche GKV-System und die Regelungen einer (Bedarfs-) **Zulassung** zur vertragsärztlichen Versorgung[216], die als »Positivliste« angelegt ist und auch als Konkurrenzschutz innerhalb eines spezifischen Marktsegments sowie sektorenübergreifend[217] angesehen werden kann.

---

212 Taupitz (1997), S. A-3082 und A-3086.

213 Vgl. MHBA-Text 31, S. 13–15, Laufs (2010), S. 158–159.

214 Laufs (2010), S. 158.

215 Kremer (2012), S. 3-4, für eine flächendeckende, wohnortnahe und umfassende Versorgung.

216 Z. B. Pflichteintrag in das Arztregister, der eine abgeschlossene Postgraduiertenausbildung voraussetzt, vgl. Kremer (2012).

217 Zur Zulässigkeit einer defensiven Konkurrentenklage niedergelassener Vertragsärzte gegen die Ermächtigung von Krankenhausärzten vgl. BVerfG, Beschluss vom 17.08.2004, Az. 1 BvR 378 / 00.

Anders als die Ärztekammern sind die KVen gleichzeitig gewerkschaftsähnliche, genossenschaftliche Interessenvertreter ihrer Mitglieder.[218] Dem Grunde nach handelt es sich bei Ihnen also um ein staatlich gewolltes, genehmigtes und eng reglementiertes **Wirtschaftskartell** nach den Kriterien des § 1 GWB.[219] Tatsächlich ist die (politisch opportune) Unterbindung des Wettbewerbs zwischen den erwerbswirtschaftlich tätigen niedergelassenen Vertragsärzten eines der historischen Hauptmotive ihrer Entstehung.
In dem Bemühen um größere wirtschaftliche Effizienz und Flexibilität wird das Prinzip der exklusiven Vertretung von »Kassenärzten« durch die KVen jedoch zunehmend zu deren und zu den Ungunsten dieser Mitglieder des »freien« ärztlichen Berufes aufgeweicht[220]: Immer kleinere Gruppen von Ärzten stehen immer häufiger entweder einem kartellähnlichen Verbund oder wenigstens einem Oligopol von Krankenkassen gegenüber und verhandeln im Rahmen von Direktverträgen mit den Kostenträgern ohne rechte Verhandlungserfahrung und Verhandlungsmacht über substantielle Leistungsbedingungen und Entgelte, so z. B. in der sog. hausarztzentrierten Versorgung im Rahmen von Hausarztmodellen. Im Ergebnis kann dies auch für die Abläufe in den Disease-Management-Programmen angenommen werden.[221]

»Aufgrund der Pflichtmitgliedschaft haben die Kassenärztlichen Vereinigungen gegenüber ihren Mitgliedern die **Disziplinarbefugnis.**«[222] Für Vertragsärzte besteht im Hinblick auf das Vertragsarztrecht gegenüber der KV also eine ähnliche Situation wie für das Verhältnis der Ärzte gegenüber den Ärztekammern im Hinblick auf das Berufsrecht.
KVen greifen darüber hinaus (zusammen mit den Kostenträgern) durch die von Ihnen durchzuführenden retrospektiven **Wirtschaftlichkeitsprüfungen** auf »Rechtmäßigkeit und Plausibilität« nach §§ 106–106d und v. a. § 106d Abs. 1 SGB V direkt in das konkrete Verordnungs- und Therapieverhalten des Arztes ein und bestimmen somit wesentlich seine erwerbswirtschaftlichen Freiheitsgrade.
Bereits prospektiv soll diese Wirtschaftlichkeit auch durch qualitätssichernde Maßnahmen, wie z. B. die Aut idem-Regelung, sichergestellt werden.
Auch diese weitgehende **Kontrolle** des individuellen ärztlichen **Marktverhaltens** wird politisch begründet durch den notwendigen Ausgleich zwischen Leistungsnachfragern, die durch ihre Pflichtmitgliedschaft als sozialversicherungspflichtig Beschäftigte zwangsweise in das GKV-System eingebunden sind, und dem kollektiv gewährleisteten Sicherstellungsauftrag der Leistungsanbieter.

---

218 Preis (2010), S. 142, 146, »gewissermaßen als verfasste Gewerkschaft der niedergelassenen Ärzte« und »Janusköpfigkeit«.

219 Maus (2002), S. A 1337, historisch ein Gegengeschäft aus den 1930er Jahren: kollektiver Sicherstellungsauftrag der Gesundheitsversorgung vs. Abgabe des Streikrechts.

220 Vgl. Preis (2010), S. 140.

221 Preis (2010), S. 140.

222 Kremer (2012), S. 3.

Über diese KV-Aufsicht hinaus existieren zusätzlich bei den einzelnen Krankenkassen (als den Kostenträgern des Systems der öffentlichen Krankheitsfürsorge) wirtschaftsregulative Kontrollmechanismen, wie z. B. die nach § 197a SGB V gesetzlich vorgeschriebenen »Stellen zur Bekämpfung von Fehlverhalten im Gesundheitswesen«.

4.3 Zweck und Praxis von Marktzugangs- und -ordnungsregeln

4.3.1 Marktzugang im Gesundheitswesen

Der deutsche Gesundheitsmarkt ist stark reglementiert durch zahlreiche gesetzliche Normen, die als **Markteintrittsbarrieren** wirken. Diese zumeist als **Berufsausübungsregeln** formulierten Bestimmungen hindern den Arzt faktisch an einer ungehinderten erwerbswirtschaftlichen Betätigung in einzelnen Bereichen, selbst wenn er hierfür eine fachliche Qualifikation erworben haben mag. Begründet wird dies mit dem Schutz der anderen Marktteilnehmer. Diese Berufsausübungsregeln schützen ihn aber zugleich auch vor unerwünschter wirtschaftlicher Konkurrenz »benachbarter« Berufe.[223]
Der Vollzug einer Marktzugangsbeschränkung ist für die betroffenen Marktparteien also durchaus ambivalent: »Sie nutzt denen, die schon im Markt sind, weil sie die Konkurrenz in Schach hält. Wer auch auf den Markt will, muss sich an die Spielregeln der Etablierten halten.«[224] Positiv verstanden fungieren Marktzugangshemmnisse zunächst als qualitätsgesicherter Verbraucherschutz, negativ interpretiert unterbinden sie aber auch Innovationen und kostengünstigere Konkurrenz. Sie sind für Nachfrager einer (Gesundheits-) Leistung also auch mit potentiellen Nachteilen verbunden, z. B. mit geringerer Auswahl unter den Anbietern und größerer räumlicher Distanz zu diesen.

Der Gesundheitsmarkt nimmt eine **Zwitterstellung** ein zwischen einem Markt, der allein dem freien Spiel der Kräfte überlassen ist, und einem direktiven, also (zumeist staatlich) kontrollierten und regulierten Markt. Während ein ideal freier, vollkommener Markt Homogenität, Transparenz, Reaktionsschnelligkeit und subjektiv unbeeinflusste, wohlinformierte, nutzenmaximierende Nachfrager ohne Präferenzen postuliert[225], herrschen im deutschen Gesundheitssystem Marktbedingungen, die kollektive Lösungen für Gruppen vorsehen und teilweise regulatorischen Zwang auf beteiligte Marktteilnehmer ausüben[226]. Ferner fallen Leistungserbringer Arzt, Leistungsnehmer

---

[223] Taupitz (1997), S. A-3090.

[224] Rike (2017), S. 17.

[225] Vgl. MHBA-Text 9, S. 6.

[226] Z. B. Versicherungs- und Beitragspflicht, Pflicht zur KV-Mitgliedschaft.

(Konsument) Patient und Erfüllungsgarant KV in diesem vertraglichen Dreiecksverhältnis auseinander. In all diesen Marktkonzepten hängen die getroffenen Entscheidungen letztlich von einer Aggregation aktuell verfügbarer Informationen, individueller Anreize und persönlicher Präferenzen ab.
Insgesamt gilt: »Die ärztliche Berufsausübung soll sich nicht am ökonomischen Erfolg, sondern an medizinischen Notwendigkeiten orientieren.«[227] Inwieweit diese Marktabschottung jedoch dem anerkannten Ziel einer Qualitätsverbesserung der Gesundheitsversorgung[228] dienlich ist und ob sie z. B. die wünschenswerte Schaffung interdisziplinärer Funktionseinheiten behindert, sei an dieser Stelle kritisch hinterfragt.[229]

Wie beschrieben üben Ärztekammern gegenüber erwerbswirtschaftlich tätigen Ärzten eine mittelbare Zugangsbeschränkung bereits dadurch aus, dass sie über die Konfiguration der **Weiterbildungsordnung** und konsekutiv über die Anerkennung von Weiterbildungszeiten und -inhalten jene medizinischen Schwerpunkte definieren, in denen der erfolgreiche Absolvent dann künftig ärztlich und somit erwerbswirtschaftlich tätig sein darf. Diese Fachgebietsgrenzen definieren – seit dem Urteil des BVerfG von 2002 etwas liberaler – sowohl im privat- wie im vertragsärztlichen Bereich die Grenzen der ärztlichen Berufsausübungsfreiheit mit.[230]
Nach Meinung des BVerfG[231] ist eine Einschränkung fachfremder Tätigkeiten berufsrechtlich erst ab einem Anteil von 5 % des Gesamtumsatzes einer Praxis verfassungsgemäß, jedenfalls sofern der Arzt grundsätzlich über eine entsprechende berufliche Qualifikation zu diesen Nebenleistungen verfüge. Jeder Arzt sei durch seine Approbation grundsätzlich berechtigt, Patienten auf allen ärztlichen Gebieten zu behandeln. Er müsse im eigenen Fachbereich nur »deutlich überwiegend« tätig sein.
Darüber hinaus gibt die Weiterbildungsordnung vor, dass die Erlangung bestimmter Zusatzbezeichnungen nur für Fachärzte bestimmter Gebiete möglich ist.[232] Es dürfen auch nicht nach freier Wahl mehrere, obgleich nach der WBO erfolgreich erworbene Facharztbezeichnungen nebeneinander geführt werden (»Führungsfähigkeit«).[233]

---

227 BVerfG, Beschluss vom 29.10.2002, Az. 1 BvR 525/99, Rn. 48.

228 Vgl. Ollenschläger (1995).

229 Taupitz (1997), S. A-3090.

230 Halstrick (2006), S. 53–55, BVerfG, Beschluss vom 29.10.2002, Az. 1 BvR 525/99. So darf z. B. auch ein Frauenarzt trotz regelkonform erworbener Zusatzbezeichnung »Psychotherapie« die psychotherapeutische Behandlung männlicher Patienten nicht zu Lasten eines dritten Kostenträgers übernehmen (LSG Mainz, Urteil vom 15.05.2003, Az. L 5 KA 18/02). Diese Facharztbeschränkung existiert auch im privatärztlichen Bereich und folgt dort der Auslegung des § 1 Abs. 2 GOÄ i. V. m. § 4 Abs. 2 GOÄ, s. Kleinken 2013, S. 3.

231 BVerfG, Urteil vom 01.02.2011, Az. 1 BvR 2383/10.

232 Vgl. z. B. Flugmedizin.

233 Vgl. § 6 der Bayerischen Landesärztekammer oder § 7 der WBO Ärztekammer Berlin, konkretisiert im Beschluss des BVerfG vom 29.10.2002, Az. 1 BvR 525/99.

Mit der MBO-Ä formulieren die Ärztekammern schließlich auch Berufsausübungsregeln, die Marktbeschränkungen durch **Kooperationsverbote** nach § 23a bis § 23d, § 29a und § 31 Abs. 2 MBO-Ä beinhalten.
Solche Beschränkungen bedingen für den wirtschaftlich tätigen Arzt insgesamt eine potentielle Marktverschmälerung, verminderte Umsatz- und Gewinnchancen sowie verringerte Marketing- und Werbemöglichkeiten.

Durch ihre Bedarfsplanung[234], Niederlassungs-[235] und speziellen Berufsausübungsregeln[236] greifen schließlich auch die **Kassenärztlichen Vereinigungen** in das Marktgeschehen ein. Hierzu wird neben dem Individualschutz der Leistungsnachfrager auch (und gerade) die Funktionsfähigkeit des solidarischen Gesamtsystems der gesetzlichen Gesundheitsversorgung als Begründung ins Feld geführt. Es gilt zusammenfassend: »Die Berufsausübung des Vertragsarztes findet in einem staatlich regulierten Markt statt.«[237]

4.3.2 Beschränkung der Niederlassungsfreiheit

Die Niederlassungsfreiheit ist für Vertragsärzte im GKV-System verfassungsrechtlich wirksam eingeschränkt und unterliegt dort einer **Bedarfsplanung** der Vertragspartner im Rahmen der gemeinsamen Selbstverwaltung (und mittelbaren Staatsverwaltung).[238] Nach Maßgabe rahmenrechtlicher Bestimmungen der Rechtsaufsicht (im Regelfall des Bundesgesundheitsministeriums) entscheiden Krankenkassen und KVen dabei über die notwendige Arzt- und Fachrichtungsdichte in ihren Planungsgebieten. Daneben findet sich eine solche Niederlassungsbeschränkung auch in § 29 Abs. 2 S. 2 MBO-Ä für zuvor dort angestellte Ärzte in einer Praxis (gesetzliche Konkurrenzschutzklausel). Da niedergelassene Ärzte im Schnitt etwa 90 % ihres Einkommens aus der Patientenbehandlung gesetzlich Krankenversicherter beziehen, kommt diese Bedarfsplanung einer Beschränkung der Berufsfreiheit sehr nahe. In jedem Fall ist der jeweilige KV-Bezirk aber ein **regional beschränkter Markt** für eine erwerbswirtschaftliche ärztliche Tätigkeit.

Die ärztliche Bedarfsplanung wird konkret nach **regionalen**, aber auch nach **fachlichen** Kriterien durchgeführt. Fachliche Kriterien sind der (z. B. haus- oder fachärztliche) Versorgungsbereich und damit der aus der WBO resultierende fachliche Schwerpunkt des Arztes[239]; regionale Bedarfskriterien sind z. B. das Arztregister eines KV-Bezirks nach

[234] Nach Regionen, ärztlichen Fachgebieten und Schwerpunkten.

[235] Z. B. Residenzpflicht.

[236] Z. B. hinsichtlich zulässiger Kooperationsformen und Anstellung weiterer Ärzte in der Praxis.

[237] BVerfG, Urteil vom 17.08.2004, Az. 1 BvR 378/00, Rn. 30.

[238] Kremer (2012), S. 3–4.

[239] Vgl. »Facharztbeschluss« des BVerfG, NJW 1972, 1504, Kommentar in Laufs (2010), S. 126–127.

§ 95a SGB V, der Praxisstandort (und die damit verbundene Residenzpflicht) sowie die Beschränkung einer überörtlichen Niederlassung und Zusammenarbeit.
Die Zulassungsausschüsse bilden den regionalen Gesundheitsmarkt dabei nicht unbedingt repräsentativ ab: Während Krankenkassen und KVen paritätisch die entsprechenden Entscheidungsträger stellen, nehmen Patientenvertreter nur einen Beobachterstatus mit Anhörungsrecht ein, während z. B. Krankenhäuser (mit ihrem besonderen ambulanten Leistungsangebot) auf der Anbieterseite und private Krankenkassen auf der Nachfragerseite an diesem Entscheidungsprozess überhaupt nicht unmittelbar beteiligt sind.

4.3.3 Werbebeschränkungen

Gezielte Werbung und ungerichtete Öffentlichkeitsarbeit haben den wirtschaftlichen Sinn einer betrieblichen Imagebildung, einer kundenorientierten Informationsgestaltung und einer produktspezifischen Motivationsbildung und Absatzförderung.[240] Für den Werbenden soll damit die **Wettbewerbs- und Marktposition** gestärkt und eine höhere Rentabilität erreicht werden.
Im Ergebnis »sind Ärzten sachliche berufsbezogene Informationen gestattet (§ 27 Abs. 2 MBO), hingegen berufswidrige Werbung untersagt (§ 27 Abs. 3 S. 1 MBO)«.[241] »Unzulässig ist vor diesem Hintergrund eine irreführende, anpreisende und vergleichende Werbung, die dazu geeignet ist, Patienten zu verunsichern und so ihre freie Arztwahl beeinträchtigt und das ärztliche Selbstverständnis durch Kommerzialisierung konterkariert.«[242]
Die Zulässigkeit ärztlicher Werbung wird in wertender Gesamtbetrachtung des Einzelfalls also am **Empfängerhorizont des Adressaten** (und somit des angesprochenen Verkehrskreises) gemessen.[243] »Hinsichtlich der Zulässigkeit von Werbemaßnahmen unterscheidet das HWG ferner zwischen der Werbung innerhalb und außerhalb der Fachkreise (sog. Publikumswerbung). Letztere unterliegt strengeren Beschränkungen.«[244]

Während die **Eigenwerbung** des Arztes in den genannten Grenzen erlaubt ist, ist dessen **Fremdwerbung** als Arzt für andere Gewerbetreibende oder fremde Produkte nach § 3 Abs. 2 BO-Ä NRW, § 27 Abs. 3 S. 4 BO-Ä NRW und § 3 a UWG generell verboten.[245] Bundesgesetze wie das HMG, das UWG und das GWB gehen dabei dem autonomen

---

240 Vgl. MHBA-Text 57.

241 BVerfG, Beschluss vom 18.02.2002, Az. 1 BvR 1644/01, Sauerbier (2014), S. 126, zur Übersicht: Bahner (2012), IFB (2012 a), Sauerbier (2014), Bahner (2017), https://www.wettbewerbszentrale. de/de/branchen/gesundheit/ueberblick/#%C3%84rzte,%20Zahn%C3%A4rzte, Abruf am 09.07.2017.

242 Halbe (2017), S. B-374.

243 Sauerbier (2014), S. 127.

244 Sauerbier (2014), S. 128.

245 Schulenburg (2017), S. 24.

Satzungsrecht der Ärztekammern vor und setzen deren Rahmen. Sie sind – anders als die berufsrechtlichen Bestimmungen – unspezifisch an alle Werbetreibenden gerichtet[246] und weit gefasst. So fallen z. B. auch ästhetische Operationen unter das HWG.[247] »Als gefestigt ist die Rechtsprechung anzusehen, der zufolge insbesondere eine Werbung mit **Pauschalhonoraren** für ärztliche Leistungen (zumindest soweit sie nach amtlichen Gebührenordnungen innerhalb eines Gebührenrahmens abrechenbar sind) und **Rabatten / Gutscheinen** in aller Regel unzulässig ist.«[248] »Bei der Praxisdarstellung gibt es immer dann Probleme, wenn die ärztliche Selbstbeschreibung den Verdacht einer ungerechtfertigten Bewertung des eigenen Leistungsangebotes nährt (beispielsweise wenn die Termini ›Klinik‹, ›Institut‹, ›Zentrum‹ oder ›Spezialisten‹ verwendet werden).«[249] Auch **Arztbewertungsportale** und **soziale Netzwerke** können schließlich der ärztlichen Eigenwerbung dienen.[250] Der § 28 MBO-Ä zur Regelung der Eintragung von Ärzten in »Verzeichnisse«[251] wurde zwischenzeitlich aufgehoben.

246 Sauerbier (2014), S. 127–128.

247 Sauerbier (2014), S. 128.

248 Halbe (2017), S. B-374, vgl. auch Sauerbier (2014), S. 126, https://www.wettbewerbszentrale.de/de/branchen/gesundheit/ueberblick/#%C3%84rzte,%20Zahn%C3%A4rzte, Abruf am 09.07.2017.

249 Halbe (2017), S. B-375.

250 Sauerbier (2014), S. 125.

251 Bundesärztekammer (2004), S. A-296.

5 Eingrenzung der erwerbswirtschaftlichen ärztlichen Tätigkeit entlang der Wertschöpfungskette

5.1 Persönliche und wirtschaftliche Arzt-Patient-Beziehung

Die interaktive, **originär persönliche** Beziehung zwischen Arzt und Patient steht im Zentrum des medizinischen Leistungserstellungs- und wirtschaftlichen Wertschöpfungsprozesses.[252] Wie in jedem Marktverhältnis, so soll auch diese primär persönliche Beziehung einen wirtschaftlichen Nutzwert für beide Seiten schaffen. Der Patient verlangt nach dem Erhalt oder der Wiedererlangung seiner Gesundheit in möglichst geringer Zeit und mit möglichst geringem Aufwand (Maximum-Prinzip); der Arzt betreibt seinen Beruf hingegen zum eigenen Unterhalt unter Meidung von unnötigen Kosten und / oder Erlösverlusten, auch vor dem Hintergrund der gleichlautenden Forderungen aus dem nationalen Gesundheitssystem (Minimum-Prinzip).

Dabei gilt: »Das nachgefragte Gut Gesundheitsleistung ist sehr **heterogen**, d. h. es unterscheidet sich von Patient zu Patient und von Behandlung zu Behandlung.«[253] Gesundheit ist darüber hinaus ein **besonderes Gut**: Sein Nutzen steigt situationsbedingt überproportional bis unendlich an; es ist im individuellen (Krankheits-) Fall auf Grund der unterschiedlichen Verläufe nur schlecht ein Vergleich mit historischen eigenen oder Fremderfahrungen, also eine plausible Prognose, möglich; die Wirkungsbeurteilung ist aus diesem Grund unzuverlässig; und es können keine spezifischen Erfahrungen vorab über eine Stichprobe gesammelt werden.[254] Entsprechend unterschiedlich sind auch die Präferenzen der einzelnen Patienten im Hinblick auf die erwartete Intensität der ärztlichen Behandlung.[255]

Diese **Individualität** des medizinischen Dienstleistungsprozesses ist ein charakteristisches, wenn auch nicht exklusives Merkmal der ärztlichen Behandlung. Es findet sich z. B. auch bei der Tätigkeit der meisten anderen freien Berufe.

5.2 Produktentwicklung und Beschaffung

5.2.1 Erlaubte Zusammenarbeit, Kartell- und Korruptionsverbot

Auf die zahlreichen berufsrechtlichen Einschränkungen der wirtschaftlichen Kooperationsmöglichkeiten von Ärzten, deren politische Gründe und ökonomische Folgen

[252] Schneider (1998), S. 3.

[253] Schneider (1998), S. 17.

[254] Vgl. MHBA-Text 35, S. 17.

[255] Schneider (1998), S. 17–18.

wurde bereits in 3.2.2 grundsätzlich eingegangen. Seit etwa 2004 sind die Strukturen dieser Art der erwerbswirtschaftlichen ärztlichen Berufsausübung und die entsprechenden Kooperationsmöglichkeiten zwar wesentlich erweitert und den Erfordernissen eines modernen Gesundheitsmarktes besser angepasst worden,[256] die weiterhin enge rechtliche Reglementierung der zulässigen Kooperationspartner und -formen ist betriebswirtschaftlich jedoch noch immer als eine **eingrenzende Marktordnungsregel** zu verstehen und auch so ausdrücklich intendiert. Eine echte »komplementäre Interdependenz«[257], die eben auch (freiwillige) wirtschaftliche Abhängigkeit der Partner beinhalten würde, ist gesundheitspolitisch ausdrücklich nicht gewollt. Wie bei jeder freiberuflichen Tätigkeit gilt: »Auch bei kooperativer Leistungserbringung ist der Grundsatz der persönlichen Leistungserbringung zu beachten.«[258]

Im Hinblick auf ihre Zusammenarbeit mit **Unternehmen** der (Gesundheits-) Wirtschaft, aber auch mit anderen **freiberuflichen Leistungsanbietern** des öffentlichen Systems der Gesundheitsversorgung bewegen sich Ärzte daher in einem starken **Ambivalenzverhältnis**, für dessen Entstehung sie im Ergebnis die geringste Verantwortung tragen: Zum einen ist eine qualitätsorientierte und rationelle Kooperation im Gesundheitswesen von staatlicher Seite explizit erwünscht, sie folgt in Teilen sogar einem dezidierten gesetzlichen Auftrag[259]. Beispielhaft verwiesen sei hierzu auf das Erfordernis (prä-)klinischer Studien pharmazeutischer Unternehmen vor Zulassung und Inverkehrbringen von Humanarzneimitteln nach §§ 21–24d AMG oder das Konformitätsbewertungsverfahren von Medizinprodukten nach §§ 6 Abs. 2 i. V. m. § 37 Abs. 1 MPG. Auch die integrierte Versorgung nach §§ 140a bis 140h SGB V erfordert schließlich eine sektorenübergreifende Zusammenarbeit.
Andererseits erschweren **Verbotsvorschriften** wie aus dem Kartellrecht, das Verbot der Zuweisung gegen Entgelt[260], das Verbot der Verweisung und Empfehlung ohne hinreichenden Grund[261] und das Gesetz zur Bekämpfung von Korruption im Gesundheitswesen[262] wirtschaftlich objektiv sinnvolle Verbünde und Aktivitäten.
Das allgemeine wirtschaftliche **Kartellverbot**[263] steht z. B. in einem gewissen Widerspruch mit der gesundheitspolitisch gewünschten integrierten Versorgung, etwa nach §§ 140a -140h SGB V, und den zulässigen Praxisverbünden (Praxisnetzen) nach § 23d MBO-Ä. Das berufsrechtliche **Verbot der Zuweisung gegen Entgelt** nach § 31 Abs. 1

[256] Vgl. Bundesärztekammer (2008 a).

[257] Vgl. MHBA-Text 53, S. 25.

[258] Bundesärztekammer (2008 a), S. A 1019.

[259] Großkopf (2016), S. 220, Wohlfart (2017), S. 84.

[260] Nach § 31 Abs. 1 MBO-Ä, vgl. Bundesärztekammer (2016), S. 1, vgl. »Faktenblatt zum Thema: Rechtsrahmen zum Verbot von Zuweisungen gegen Entgelt« des GKV-Spitzenverbandes von 16.05.2012 (Pressestelle).

[261] Nach § 31 Abs. 2 MBO-Ä.

[262] Nach §§ 299a und 299b StGB, vgl. Wohlfart (2017), https://de.wikipedia.org/wiki/Gesetz_zur_ Bekämpfung_ von_Korruption_im_Gesundheitswesen, Abruf am 27.05.2017.

[263] http://www.bundeskartellamt.de/DE/Kartellverbot/kartellverbot_node.html, Abruf am 27.05.2017.

MBO-Ä[264] bezog sich wiederum zunächst nur auf die Zuweisung von Patienten und Untersuchungsmaterial, wurde nach 2011 aber dahingehend verschärft, dass nunmehr auch die Verordnung von Arznei-, Hilfsmitteln und Medizinprodukten sowie schon die bloße Empfehlung anderer Leistungserbringer »ohne hinreichenden Grund« als normwidrig deklariert und in diese Verbotsvorschrift mit einbezogen wurde.[265]
Mit dem 01.01.2012 ist das **Verbot der Patientenzuweisung gegen Entgelt** durch das GKV-Versorgungsstrukturgesetz darüber hinaus in den § 73 Abs. 7 SGB V aufgenommen worden, woraus den KVen und Krankenkassen erstmals entsprechende wirtschaftliche Sanktionsmöglichkeiten in der vertragsärztlichen Versorgung erwachsen.[266] Derartige Verweisungsverbote sind im medizinischen Bereich aber nicht auf den ärztlichen Berufsstand beschränkt und finden sich korrespondierend auch für Krankenhäuser[267] und nicht-ärztliche Leistungserbringer[268].
Am 04.06.2016 ist ferner in Ergänzung zu den bestehenden berufsrechtlichen Regelungen nach §§ 32 und 33 MBO-Ä mit dem »Gesetz zur Bekämpfung von Korruption im Gesundheitswesen«[269] und besonders mit der Einführung der §§ 299a und 299b als Sonderdelikte in das Strafgesetzbuch StGB ein verschärftes **Korruptionsverbot im Gesundheitswesen** wirksam geworden. Es handelt sich dabei um Strafvorschriften, die im Hinblick auf den ausdrücklich benannten Täterkreis eine starke berufsrechtliche Komponente aufweisen.[270] Ihre Bedeutung gewinnen sie auch durch die Ausgestaltung als **Offizialdelikt**, d. h. also, dass sie schon von Amts wegen verfolgt werden müssen und nicht lediglich als **Erfolgsdelikt**, womit also die sanktionierte wirtschaftliche Bevorzugung nicht bereits faktisch eingetreten sein muss, sondern lediglich erst intendiert sein kann.[271]
Solche (objektiv begründbaren) Vorbehalte des Normgebers gegen ein sich selbst regulierendes marktwirtschaftliches Gesundheitssystem erschweren die Anwendung etablierter betriebswirtschaftlicher Methoden zur Erzielung einer höchstmöglichen Wirtschaftlichkeit von Organisationen eben dieses Gesundheitswesens. So wird z. B. die Zahlung von finanziellen Anreizen zur Etablierung von Kooperationen zwischen Krankenhäusern, Praxen und Ärzten nach dem **Shapley-Wert-Konzept** zur Überwindung von Kooperationshemmnissen unter diesen Bedingungen kaum realisierbar sein.[272] Im

---

264 Vgl. Graml (2012), Bundesärztekammer (2017), S. 1–2.

265 Vgl. »Faktenblatt zum Thema: Rechtsrahmen zum Verbot von Zuweisungen gegen Entgelt« des GKV-Spitzenverbandes vom 16.05.2012 (Pressestelle).

266 Vgl. »Faktenblatt zum Thema: Rechtsrahmen zum Verbot von Zuweisungen gegen Entgelt« des GKV-Spitzenverbandes vom 16.05.2012 (Pressestelle), Bundesärztekammer (2016), S. 2.

267 Vgl. § 31a KHGG NRW und § 33 Bremisches KHG, vgl. Bundesärztekammer (2016), S. 1.

268 Vgl. § 128 Abs. 2, 5b und 6 SGB V.

269 Großkopf (2016), S. 220, Halbe (2017) S. B–375, Wohlfart (2017), https://de.wikipedia.org/wiki/Gesetz_zur_Bekämpfung_von_Korruption_im_Gesundheitswesen.

270 Wohlfart (2017), S. 80.

271 Wohlfart (2017), S. 81–82.

272 Vgl. MHBA-Text 53, S. 5.

Ergebnis findet sich die interpretatorische Lösung aus diesem logischen Dilemma in der Ausgestaltung der Strafvorschrift dahingehend, dass die Vorteilsgewährung als Gegenleistung eine **unlautere** Bevorzugung im Wettbewerb intendieren muss.[273] »Ein Handeln, das nach den vorgenannten Normen und Regelungen zulässig ist, darf im Regelfall nicht als unlauter im Sinne der §§ 299a und b StGB bewertet werden.«[274] Die staatlich konzipierten, direktiven Formen der Kooperation im Gesundheitswesen werden damit implizit als »lauter«, darüber hinausgehende erwerbswirtschaftliche Anreize zur Bildung marktwirtschaftlicher »Kartelle« jedoch als »unlauter« (dis-)qualifiziert.

5.2.2 Reglementierung des ärztlichen Produktionsprogramms

Es wurde bereits mehrfach erläutert, dass die erwerbswirtschaftliche Betätigung des Arztes im Rahmen seiner öffentlich reglementierten Tätigkeit wesentlich bestimmt wird durch den Erwerb spezifischer fachlicher **Qualifikationen**, die ihm z. B. die Niederlassung und Eröffnung einer eigenen Praxis, die (wettbewerblich geschützte) Teilnahme an der vertragsärztlichen Versorgung und die (kollektive) Abrechenbarkeit bestimmter Leistungen gegenüber den Nachfragern gestatten. Die von den Landesärztekammern ausgestaltete **Weiterbildungsordnung** ist somit als entscheidende Determinante des ärztlichen **Produktionsprogramms** aufzufassen. Darüber hinaus bestimmt die WBO durch Zuerkennung von **Ermächtigungen** zur Weiterbildung von Assistenzärzten auch die Attraktivität der Fachabteilung bzw. Arztpraxis für den ärztlichen Nachwuchs und damit deren **Personalakquise**.

Persönliche **Fortbildungsverpflichtungen** sind darüber hinaus berufsrechtlich seit 1976 in der MBO-Ä[275] und im Hinblick auf das Vertragsarztrecht in § 95d SGB V als »Pflicht zur fachlichen Fortbildung« normiert. Derartige gesetzliche Qualifikationserfordernisse sind neben ihren Auswirkungen auf die erwerbswirtschaftlichen Möglichkeiten der Ärzte auch als **Qualitätssicherungsmaßnahme** anzusehen und operationalisieren somit die ärztliche Behandlungsqualität.

§ 3 Abs. 2 MBO-Ä bestimmt ferner, dass der **Handel** mit Waren und das **Angebot von Dienstleistungen** in der Praxis oder im Rahmen der konkreten ärztlichen Tätigkeit nur gestattet ist, wenn ein entsprechender inhaltlicher (also: rechtfertigender) Zusammenhang besteht.[276] Hiervon zu unterscheiden ist die grundsätzliche, arztberufsunabhängige Berufs- und Gewerbefreiheit, die einem Arzt jede erwerbswirtschaftliche, auch die gewerbliche Tätigkeit gestattet[277], hierbei allerdings ein striktes **Trennungsgebot** zur

[273] Wohlfart (2017), S. 82.

[274] Wohlfart (2017), S. 83.

[275] Ollenschläger (1995), S. 179.

[276] Vgl. http://www.anwaltzentrale.de/rechtsanwalt_fachartikel/fachartikel_detail.php?id=7, Abruf am 09.07.2017.

[277] Vgl. Laufs (2010), S. 175.

freiberuflichen ärztlichen Tätigkeit verlangt (s. 2.1). In diesem Zusammenhang sei noch einmal auf die steuerliche »Infektionsgefahr« einer solchen gewerblichen Tätigkeit auf die freiberuflichen Einkünfte verwiesen (zur **Abfärbetheorie** s. 2.1).

5.2.3 Ärztliche Leistungen außerhalb des Heilauftrags

Die individuelle wirtschaftliche Tätigkeit des Arztes bewegt sich im Regelfall innerhalb des persönlichen und öffentlichen Heilauftrags (vgl. 3.1) in einem staatlich konfigurierten und kontrollierten kollektiven Gesundheitssystem. Auch die berufs-, kammer- und standesrechtlichen Normen sind vorzugsweise auf dieses Betätigungsfeld hin intendiert. Wirtschaftliche Entfaltung und Gewinnstreben des Arztes bedeuten aber auch seine Zugangsmöglichkeit zu einem Erwerb außerhalb dieses staatlichen Systems und in direktem vertraglichem Kontrakt mit seinem Kunden, der dann auch kein Patient mehr sein muss.[278] Außerhalb dieses Heilauftrags reiner Lehre bewegt sich in enger Betrachtung schon die berufliche ärztliche Tätigkeit als **Präventiv-, Betriebs-, Arbeits-** oder **Flugmediziner** sowie auch die erwerbswirtschaftliche Betätigung in der ästhetischen Medizin.
Unstreitig sinnvoll und erwünscht, aber eben nicht heilend, wäre in diesem Zusammenhang wohl auch die Honorartätigkeit eines Arztes in einem **Fitness-Studio**, z. B. um dort medizinische Fortbildung sowie Qualitätssicherung zu betreiben und »das Kundenpotenzial gerade im Marktsegment Gesundheitssport zu erweitern«.[279] Im Bereich der **Sportrehabilitation** ist eine ärztliche Leitung sogar zwingend erforderlich.[280] Nicht präventiv oder kurativ, aber eben auch nicht »heilend« sind auch seine gleichwohl unstrittig akzeptierten fachärztlichen Leistungen in der **Erstellung von Gutachten** für öffentliche und private Anspruchsteller.[281]

Hier ergeben sich für den Arzt erwerbswirtschaftliche Chancen, die gesellschaftlich akzeptiert, in der öffentlichen Gesundheitsversorgung durchwegs erwünscht und ökonomisch auch attraktiv sein können. Die hier erzielten Erlöse sind nicht budgetiert und erzielen häufig positive Sekundäreffekte durch Akquise von Patienten für die eigene Praxis. Entsprechend stehen dem Arzt hier keine berufsrechtlichen Schranken entgegen.

278 Vgl. Halstrick (2006).

279 Albers (2002), S. 141, da die Betreiber von Fitness-Studios (bis auf ihre GKV-finanzierten Rehabilitationsangebote) nicht als Leistungserbringer des vertragsärztlichen Systems gelten, kollidiert diese Tätigkeit im Regelfall auch nicht mit dem Korruptionsverbot im Gesundheitswesen.

280 Albers (2002), S. 144.

281 Vgl. hierzu § 25 MBO-Ä.

Zunehmend in Misskredit geraten[282] sind dagegen die ärztlich angeratenen und durchgeführten **»individuellen Gesundheits(dienst)leistungen« IGeL**[283] (s. 5.5.2.2), die sich jedoch objektiv gesehen alleine dadurch vom öffentlichen Heilauftrag unterscheiden, dass sie dort in einer Gesamtbetrachtung nicht zweifelsfrei als »ausreichend, zweckmäßig und wirtschaftlich« sowie »notwendig«[284] anerkannt sind. Bei ihrer aktiven Propagierung wird häufig ein ausschließlich erwerbswirtschaftlich motiviertes Eigeninteresse des Arztes, ggf. auch i. S. einer Kompensations- oder Substitutionsstrategie für die Abnahme von Erlösen im GKV-Bereich, unterstellt.

»Ein Grund für die ständig steigenden Gesundheitskosten liegt darin, dass Ärzte die Vertrauensgutproblematik ausnutzen und sich ihre eigene Nachfrage schaffen«[285]. Nach Ausschöpfung ihres von den Rahmenverträgen vorgegebenen individuellen (Praxis-) Budgets (einem Steuerungseingriff am Verordnungsvolumen) steht jedoch dem weiter Leistung empfangenden Patienten zwar ein Zusatznutzen, dem weiter Leistung erbringenden Arzt aber kein Zusatzerlös und somit auch kein adäquater Preis mehr gegenüber.

Die gleichzeitige Akzeptanz und Honorierung wissenschaftlich ebenfalls nicht validierter Therapieverfahren, wie z. B. der **Homöopathie**, innerhalb des gleichen öffentlichen Gesundheitswesens lässt eine solche vereinfachende ökonomische Betrachtungsweise fragwürdig erscheinen. Und auch gesellschaftlich akzeptierte und objektiv erforderliche ärztliche Leistungen, wie z. B. **Atteste** oder Tauglichkeitsbescheinigungen, die **reisemedizinische Beratung** mit Durchführung empfohlener Impfungen oder eine rein ästhetische Chirurgie waren nie Bestandteil der solidarischen GKV-Leistungen.[286]

Umgekehrt definiert sich sowohl die fachliche wie die erwerbswirtschaftliche ärztliche Betätigung – z. B. auch in ihrem Verhältnis zu gesellschaftlich akzeptierten, ja aktiv nachgefragten alternativen Therapieverfahren und der »Komplementärmedizin« – nicht alleine nach dem fünften Buch des Sozialgesetzbuches. Man mag daher solche IGeL-Leistungen auch als Ausdruck eines wohlverstandenen und patientenorientierten **Medizinpluralismus** und Behandlungsindividualismus verstehen.[287] Auch der IGeL empfehlende und durchführende Arzt wird sich der Tatsache bewusst sein, dass er in allem, was er tut, letztlich an seinem Heilerfolg gemessen wird, und sein langfristiger erwerbswirtschaftlicher Erfolg nicht von einer einmalig erzielten Umsatzsteigerung, sondern vom **Costumer Life Time Value**[288] eines zufriedenen Patienten (-Multiplikators) abhängt.

---

282 Bilger (2005), Rüter (2005).

283 Zur Übersicht: Voigt (2013).

284 § 12 Abs. 1 SGB V.

285 Emons (2001), S. 668.

286 Bilger (2005), S. 154–155.

287 Kiene (2010), S. A-548–550.

288 MHBA-Text 9, S. 9.

Betriebswirtschaftlich tritt bei den IGeL-Leistungen das »Dreieck« der öffentlichen Heilfürsorge mit den Eckpunkten Kostenträger, Leistungserbringer und Versicherter außer Kraft. Der Arzt schließt vielmehr zur Sicherung seines Erlöses einen privatrechtlichen Dienstvertrag mit dem Nachfrager über eine frei zu vereinbarende Leistung und deren wirtschaftliche Gegenleistung. Er ist dabei allerdings gesetzlich an die vom Bundesgesundheitsministerium erlassene »Gebührenordnung für Ärzte« (GOÄ) gebunden.[289]

Die Kritik an diesen IGeL-Leistungen entzündet sich neben sozialethischen Anschauungen im Wesentlichen an § 1 Abs. 2 GOÄ: »Vergütungen darf der Arzt nur für Leistungen berechnen, die nach den Regeln der ärztlichen Kunst für eine **medizinisch notwendige** ärztliche Versorgung erforderlich sind. Leistungen, die über das Maß einer medizinisch notwendigen ärztlichen Versorgung hinausgehen, darf er nur berechnen, wenn sie **auf Verlangen** des Zahlungspflichtigen erbracht worden sind.« Dieser Passus impliziert entgegen allgemeiner Vorstellung jedoch nicht, dass die medizinische Notwendigkeit nicht auch primär vom behandelnden Arzt individuell eingeschätzt und originär bestimmt werden könnte. Er schließt auch nicht aus, dass dem »Verlangen des Zahlungspflichtigen« eine Beratung oder sogar Empfehlung des Behandlers vorhergehen darf. All dies ist vielmehr sogar ärztlicher Kernauftrag seitens des Patienten. Vielmehr kollidiert dieser Anspruch der GOÄ eher mit der Art der ärztlichen Empfehlung, also dem werblichen Herausstellen ärztlicher Leistungen, die nicht verfälschend oder anpreisend sein darf.

5.3 Herstellung und Produktion

5.3.1 Schranken einer erlösorientierten ärztlichen Leistungserstellung

Aus betriebswirtschaftlicher Sicht und dem ökonomischen Prinzip folgend ist auch für den erwerbswirtschaftlich tätigen Arzt eine möglichst kostengünstige, effiziente Erstellung seiner Dienstleistungen erstrebenswert. Er wird daher eine möglichst geringe Kapitalbindung bei möglichst vollständiger Kapazitätsauslastung seiner Betriebsmittel und insgesamt eine hohe Produktivität, Wirtschaftlichkeit und Rentabilität anstreben.[290]

Diese erlösorientierte Leistungserstellung wird dem Arzt jedoch durch zahlreiche Regelungen des Berufs-, Kammer- und Standesrechts verwehrt, die nach ihrer Intention dem Gemeinwohl verpflichtet eine effektive, qualitätsgesicherte Behandlung gewährleisten sollen.

Es werden damit berufsrechtlich de facto **Standortwahl** (z. B. Zulassungsbezirk), **Organisationstyp** (z. B. zugelassene Organisations- und Kooperationsformen), **Pro-**

[289] GOÄ, § 1 Abs. 1.

[290] Vgl. MHBA-Text 8, S. 8 und S. 41–45.

grammplanung und **Produkterstellung**/-ausweitung (z. B. haus- oder fachärztlicher Versorgungsbereich), **Fertigungsverfahren** und -tiefe (z. B. GBA-Richtlinien) sowie **Kapazitätsauslastung**, Rationalisierungspotentiale und Planbarkeit (z. B. Anstellungsbeschränkungen, Mindestöffnungszeiten, Kontrahierungszwang) der erwerbswirtschaftlichen ärztlichen Betätigung stringent und eher unflexibel festgelegt.

In diesem Zusammenhang erlangen besonders folgende **Beschränkungen** Relevanz:

- die gesetzliche Behandlungsverpflichtung, d. h. der öffentlich normierte vertragliche **Kontrahierungszwang**, der nach § 76 Abs. 1 SGB V grundsätzlich im GKV-Bereich[291] und gemäß § 323c StGB in allen medizinischen Notfällen auch ohne Kosten-(vorab-)deckung selbst bei unversicherten Patienten greift. Trotz der verfassungsmäßig garantierten unternehmerischen Vertragsautonomie »gilt wohl grundsätzlich eine ›allgemeine Berufspflicht zur Übernahme erbetener Behandlungen‹.«[292]
- die Notwendigkeit der **persönlichen Leistungserbringung** nach § 613 S. 1 BGB, § 19 Abs. 1 S. 1 MBO-Ä, § 15 Abs. 1 S. 1 SGB V, § 32 Abs. 1 S. 1 Ärzte-ZV, §§ 1a Nr. 24 und 15 Abs. 1 S. 1 BMV-Ä und § 4 Abs. 2 GOÄ, die ggf. auch die »Hilfeleistung durch andere Personen« (Delegation und Substitution) regeln (s. 5.3.2).
  Für die Produktionsbedingungen des erwerbswirtschaftlich tätigen Arztes gilt also: »Der Arzt kann […] anders als der gewerbliche Unternehmer, den Leistungsumfang seiner Praxis durch Anstellung von Mitarbeitern nicht beliebig vermehren.«[293] Damit sind auch sein Umsatz und sein Erlös nicht beliebig steigerbar.
  Im GKV-System sind diese quantitativen Restriktionen hinsichtlich der abrechenbaren persönlichen ärztlichen Tätigkeit sogar durch standardisierte Zeitvorgaben ausdrücklich definiert (s. 5.3.2).[294]
- die berufsrechtliche Verpflichtung zu **Qualitätssicherungsmaßnahmen**, z. B. nach § 5 MBO-Ä (s. 5.3.3), einschließlich der persönlichen **Fortbildungspflicht**, z. B. nach § 4 MBO-Ä und für das GKV-System nach § 81 Abs. 4 SGB V[295].
- die berufsrechtlich verpflichtende Beteiligung von ärztlichen Mitarbeitern an den Wahlleistungseinnahmen (der Privatliquidation), auch »**Poolbeteiligung**« genannt.
  Obwohl der zur Abrechnung von Wahlleistungen allein befugte, leitende Abteilungsarzt und die zu dieser Verpflichtung subsidiär herangezogenen ärztlichen Mitarbeiter beim gleichen Arbeitgeber angestellt sind und bereits von dort ein Ausgleich dieser wirtschaftlichen Inanspruchnahme einerseits durch den sogenannten **Vorteilsausgleich** vom Chefarzt an den Krankenhausträger wie andererseits durch

291 Vgl. Laufs (2010), S. 165, spiegelbildlich zur freien Arztwahl des Patienten.

292 Laufs (2010), S. 165.

293 Bundesärztekammer (2008), S. A-2173.

294 Vgl. § 8 »Überprüfung des Umfangs der abgerechneten Leistungen im Hinblick auf den Zeitaufwand« der KBV-Richtlinien gemäß § 106a SGB V.

295 Laufs (2010), S. 123–125.

das Krankenhaus an die nachgeordneten ärztlichen Mitarbeiter mittels derer **Vergütung** erfolgt, verpflichten diese Bestimmungen den Chefarzt berufsrechtlich zur darüber hinausgehenden »angemessenen« Mitarbeiterbeteiligung an diesen Einnahmen.[296]

- die ärztliche **Schweigepflicht** nach §203 Abs. 1 Z. 1 Alt. 1 StGB und §9 Abs. 1 MBO-Ä, welche allgemeine **Datenschutzrichtlinien**[297] berufsrechtlich ergänzt und aus dem allgemeinen Persönlichkeitsrecht des Patienten (Grundrecht auf informationelle Selbstbestimmung[298] als Ausprägung des allgemeinen Persönlichkeitsrechts) resultiert.
  Diese Normen beschränken beispielweise auch die erwerbswirtschaftliche **Nutzung** der aus der ärztlichen Tätigkeit gewonnenen personenbezogenen Daten, z. B. für werbliche Aktivitäten anderer Wirtschaftsparteien. Ein Verstoß kann als Verletzung einer vertraglichen Nebenpflicht aus dem Behandlungsvertrag gewertet werden und zivilrechtliche **Schadensersatzansprüche** nach sich ziehen.[299]
- umfassende, detaillierte und spezifische berufsrechtliche Bestimmungen zu den im Produktionsprozess benötigten **Betriebsmitteln** (z. B. Medizinprodukte oder Arzneimittel), deren Anwendung im Behandlungsprozess sowie zum Umgang mit den entsprechenden **Lieferanten** (z. B. nach §§30, 31 Abs. 1, 32 Abs. 1 und 33 MBO-Ä, Antikorruptionsgesetz für Heilberufler §§299a, 299b und 300 StGB).
- die Begrenzung einer erwerbswirtschaftlichen Zusammenarbeit (Netzwerkbildung) durch das **Zuweisungsverbot** nach §31 Abs. 2 MBO-Ä vor dem Hintergrund der allgemeinen kartellrechtlichen Regelungen[300].
- besondere, ausdrücklich berufsrechtlich intendierte **Haftungsgrundsätze**, z. B. nach dem Patientenrechtegesetz §§630a – 630h BGB (s. 5.3.3) oder in der Produkthaftung nach §14 MPG[301].

Einzelne, ökonomisch besonders wichtige dieser spezifischen berufsrechtlichen Beschränkungen der erwerbswirtschaftlichen ärztlichen Tätigkeit in Herstellung und Produktion werden nachfolgend **genauer untersucht**.

[296] Müller (2006), Christ (2012).

[297] Bundesdatenschutzgesetz (BDSG) und Datenschutzgesetze der Länder.

[298] BVerfG, Urteil vom 15.12.1983, Az. 1 BvR 209, 269, 362, 420, 440, 484/83 (»Volkszählungsurteil«).

[299] Ulbricht (2008), S. 21.

[300] Zusammenfassend sind dies Rechtsnormen, die auf den Erhalt eines ungehinderten und vielgestaltigen Wettbewerbs gerichtet sind, vgl. https://de.wikipedia.org/wiki/Kartellrecht, Abruf am 25.06.2017.

[301] Zur guten und verständlichen Übersicht, aber nicht mehr ganz aktuell: Dräger (2007).

5.3.2 Persönliche Leistungserbringung, Delegation und Substitution

Wie alle freien Berufe ist der Arzt im Kernbereich seiner beruflichen Tätigkeit zur **(höchst-)persönlichen Leistungserbringung** verpflichtet.[302] Dies mutet zunächst nicht außergewöhnlich an, zumal §613 BGB diese »Unübertragbarkeit« für Dienstverhältnisse allgemein verpflichtend vorsieht und sie geradezu ein Wesensmerkmal freiberuflicher Tätigkeit darstellt.

Bei dem erwerbswirtschaftlich tätigen Arzt wird die Delegation seiner Dienstleistungen an oder deren Substitution durch nicht-ärztliche Hilfskräfte oder selbst andere approbierte Ärzte jedoch besonders kritisch gesehen und spezifisch reglementiert.[303] Die Beschäftigung **angestellter Ärzte** ist z. B. in § 19 Abs. 2 MBO-Ä und §§ 14 sowie 14a BMV-Ä ausführlich und detailliert berufsrechtlich geregelt. Das Prinzip der persönlichen Leistungserbringung hat darüber hinaus besonderen Einfluss auf die erwerbswirtschaftlich attraktive Abrechnung **privatärztlicher Leistungen**, wo sie nach § 4 Abs. 2 GOÄ[304] eigens vorgeschrieben ist.

Besonders relevant ist auch die auf diesem Prinzip beruhende **quantitative Beschränkung** der erwerbswirtschaftlichen ärztlichen Tätigkeit durch limitierende Zeitvorgaben im GKV-System, z. B. gemäß § 20 Abs. 1 Ärzte-ZV und deren Konkretisierung u. a. in § 17 Abs. 1a BMV-Ä sowie dem EBM mit seinem Anhang 3. Hierin wird der individuelle vertragsärztliche Versorgungsauftrag gesetzlich bzw. vertraglich zum einen **nach unten hin** sowohl hinsichtlich seines **Mindestumfangs** von 20 Zeit-Sprechstunden wöchentlich wie auch bezüglich der zulässigen Dauer und zeitlichen Lage einer anderweitigen erwerbswirtschaftlichen Tätigkeit begrenzt; zum anderen findet sich auch eine Begrenzung **nach oben hin** im Hinblick auf dessen durchschnittliche tägliche abrechnungsfähige zeitliche **Höchstgrenze** von 12 (Zeit-) Stunden. Durch neue Abrechnungsregeln seit 2017 können Verstöße bei Verdacht auf Abrechnungsbetrug sogar strafrechtliche Folgen haben.[305]

Delegation und **Substitution** ärztlicher Leistungen an nicht-ärztliches Personal können aus vertrags-[306], berufs-[307] und haftungsrechtlicher[308] Sicht beurteilt werden.

---

302 Vgl. Bundesärztekammer (2008), Ulbricht (2008), S. 82–83, Bäune (2009), Halbe (2017 a), S. B-640: Der Arztvorbehalt bei Ausübung der Heilkunde wird aus § 1 Abs. 1 des Heilpraktikergesetzes vom 17.02.1939 abgeleitet. Vgl. zur Historie auch Laufs (2010), S. 115–122.

303 Halbe (2017 a), S. B-640–B-641.

304 »Selbst erbracht« oder »unter seiner Aufsicht nach fachlicher Weisung erbracht«.

305 Zimmermann (2017), zu »Budgetierung«, »Zeitprofil«, »Aufgreifkriterium«, »Kappungsgrenzen« und »Prüfzeiten« nach Anhang 3 zum EBM.

306 Schabram (2010), S. 1–16.

307 Bonvie (2010), S. 17–24.

308 Bergmann (2010), S. 25–46.

Explizite **Arztvorbehalte** finden sich zunächst gesetzlich normiert in den Paragraphen § 1901b BGB, § 13 BtMG, § 218–218c StGB und §§ 23 sowie 24 RöV.[309] Auch in der vertragsärztlichen Versorgung sind für einzelne Teilbereiche delegationsfähige Leistungen konkret oder wenigstens beispielhaft festgelegt.[310]
Die persönliche Leistungserbringung nach § 613 S. 1 BGB ist unter bestimmten Bedingungen (und zu diesen gehört vornehmlich die vorherige fallbezogene Zustimmung des Patienten) abdingbar.[311] Eine solche **Delegation** meint dabei die »Übertragung von Kompetenz (und Verantwortung) auf hierarchisch nachgeordnete organisatorische Einheiten, auch als Kompetenzdelegation bezeichnet. Der Delegationsgeber hat darauf zu achten, dass der Delegationsnehmer von seiner Kompetenz und Motivation her zur selbstständigen Erfüllung der zu übertragenden Aufgaben befähigt ist.«[312]
Im ärztlichen Bereich versteht man darunter die **arbeitsteilige Unterstützung** des Mediziners durch Abgabe von ärztlichen Nebenleistungen an nachgeordnetes, zumeist nicht-ärztliches Personal. Persönliche Leistungserbringung bedeutet also nicht, dass der Arzt jede Leistung höchstpersönlich erbringen muss. Sie erfordert vom Arzt aber immer, dass er bei Inanspruchnahme nicht-ärztlicher oder ärztlicher Mitarbeiter zur Erbringung eigener beruflicher Leistungen leitend und eigenverantwortlich tätig wird.«[313] Diese Restriktion der Delegation gilt auch für andere Freiberufler sowie an andere ärztliche Kollegen.

Substitution bedeutet nach der Produktions- und Kostentheorie die »begrenzte oder vollständige Ersetzung der Einsatzmengen von Produktionsfaktoren durch andere (substitutionale Produktionsfaktoren)«[314]: Im ärztlichen Bereich meint sie die »Zulassung nichtärztlicher Personen zur begrenzten Übernahme originär ärztlicher Maßnahmen«[315], bezieht sich also auf die Ersetzung ärztlicher Arbeitskraft durch nicht-ärztliche Arbeitsleistung. Diese wirtschaftlich objektiv sinnvolle Maßnahme zur Effizienzverbesserung der betrieblichen Organisation ist im Hinblick auf die ärztliche Kernleistung (ebenfalls wie bei allen freiberuflichen Tätigkeiten) berufsrechtlich eingeschränkt. Solche Einschränkungen beziehen sich sowohl allgemein auf die **Durchführung** wie auch speziell auf die **Abrechenbarkeit** ärztlicher Leistungen und ergeben sich generell aus § 613 BGB sowie fallbezogen bei Wahlleistungspatienten aus § 4 Abs. 2 der GOÄ bzw. im Rahmen einer kassenärztlichen Ermächtigung aus § 32a Ärzte-ZV.

[309] Halbe (2017 a), S. B-640.

[310] Vgl. § 28 Abs. 1 S. 3 SGB V oder § 63 Abs. 3c SGB V.

[311] Ulbricht (2008), S. 82.

[312] Vgl. http://wirtschaftslexikon.gabler.de/Archiv/2505/delegation-v10.html, Abruf am 18.09.2017.

[313] Bundesärztekammer (2008), S. A-2173.

[314] Steven, in: http://wirtschaftslexikon.gabler.de/definition/substitution-49849, Abruf am 18.05.2018.

[315] Halbe (2017 a), S. B-640–B-641.

Besondere Bedeutung erlangt dieser Zwang zur persönlichen Leistungserbringung bei der **privatärztlichen** Behandlung von Wahlleistungspatienten, die nur in definierten Fällen und bei vorhersehbarer Verhinderung ausschließlich nach vorherigem Abschluss einer gültigen individuellen Vertretervereinbarung an andere Ärzte gleicher Fachrichtung und Qualifikation übertragen werden darf. Die Rechtsprechung zu § 4 Abs. 2 GOÄ verlangt, dass der Wahlarzt der ärztlichen Behandlung sein »persönliches Gepräge« zu geben hat und wenigstens die Kernleistungen selbst erbringt.[316]
Derartige gesetzliche Einschränkungen finden sich analog nicht bei (anderen Handwerker-) Leistungen.

Auch anders als bei den meisten übrigen Marktteilnehmern resultieren für den Arzt bei Verstößen gegen die Pflicht zur persönlichen Leistungserbringung über die zivilrechtlich verankerten Erlösverluste aus dieser **vertraglichen Leistungsstörung** hinaus vielfältige zusätzliche berufsbezogene **Sanktionsmöglichkeiten**:

- Im **Vertragsarztrecht** besteht z. B. in einem solchen Fall nicht nur kein Anspruch auf Vergütung; seitens der KV wird dann eine Honorarberichtigung mit konsekutivem Regress (Zahlungsrückforderung) erfolgen. Darüber hinaus drohen auch Disziplinarmaßnahmen wegen Abrechnungsbetrugs bis hin zum Entzug der kassenärztlichen Zulassung.
- Auch im **Wahlleistungsbereich** (also bei Privatpatienten) muss die ärztliche »Kernleistung« persönlich erbracht werden, um deren besondere (gesteigerte) Abrechnungsfähigkeit zu gewährleisten. Ausnahmen stellen lediglich die Übernahme durch den ständigen ärztlichen Vertreter bei unvorhersehbarer Verhinderung des Liquidationsberechtigten oder eine individuelle Vertretungsvereinbarung bei vorhersehbarer Verhinderung dar.[317]
- Nach dem **Strafrecht** können solche Delikte zunächst als Abrechnungsbetrug gemäß § 263 StGB geahndet werden. Sie können darüber hinaus aber auch den Tatbestand der fahrlässigen oder vorsätzlichen Körperverletzung erfüllen (und einen weiteren **zivilrechtlichen** Anspruch auf Schmerzensgeld durch den Patienten sowie einen Aufwendungsersatzanspruch durch den Kostenträger begründen), da der invasive Heileingriff gesetzlich nur dem Arzt vorbehalten ist.
- Im Wahlleistungsbereich kommt hier die Besonderheit hinzu, dass die Gerichte bei Abschluss einer spezifischen Wahlleistungsvereinbarung, die eigens auf einen bestimmten hochqualifizierten Behandler ausgerichtet ist, und nach deren absprachewidriger Nicht-Erfüllung durch mangelnde persönliche Erbringung der Kernleistung durch diesen Behandler auch den (selbst lege artis) erfolgten Eingriff durch einen anderen fachkundigen Arzt mangels gültiger Patienteneinwilligung als rechtswidrige **Körperverletzung** ansehen.[318]

[316] Halbe (2017 a), S. B-641.

[317] Clausen (2018), S. 20.

[318] Clausen (2018), S. 20, Lübbersmann (2018) S. 3–4.

- Im **Haftungsrecht** entlässt § 278 BGB den Arzt schließlich nicht aus seiner (vertraglichen, nicht deliktischen) Verantwortung für Hilfspersonen, deren er sich zur Erfüllung seiner Verbindlichkeiten bedient (hat).
- Im **Arbeitsrecht** kann auch der Arbeitgeber (zumeist das Krankenhaus) im Rahmen der Ausübung seines ermessensgestützten Direktionsrechts nach § 106 Abs. 1 GewO die Erfüllung des vertraglich geschuldeten Leistungsspektrums persönlich durch den angestellten Arzt verlangen und bei Verstoß hiergegen ggf. auch disziplinarische Maßnahmen ergreifen.[319]
- Im speziellen **Berufsrecht** verlangt ferner § 19 Abs. 1 S. 1 der MBO-Ä, dass die ärztliche Praxis persönlich ausgeübt werden muss. Bei einem Verstoß drohen formale Verfahren und Strafen durch die zuständige Ärztekammer.

Während in der freien Wirtschaft **Entgelte** für eine abhängige Beschäftigung im Prinzip frei verhandelbar sind und sich dabei entweder an (Rahmen-) Vereinbarungen der entsprechenden Tarifparteien oder an individuellen Vereinbarungen der jeweiligen Vertragspartner[320] orientieren, existiert schließlich im ärztlichen Berufsrecht nach § 29 Abs. 2 MBO-Ä die Besonderheit der **Zwangsvergütung** nachgeordneter ärztlicher Mitarbeiter, wenn eine ärztliche Führungskraft durch Zuerkennung der Privatliquidation oder im Rahmen einer Beteiligungsvergütung hieraus Erträge erzielt (s. 5.3.1).
Die erwerbswirtschaftliche Beschränkung durch Berufsrecht liegt dabei also in einer Art pauschalem »Mindestlohn« für ärztliche Mitarbeiter, der in den unterschiedlichen Berufsordnungen der Landesärztekammern normativ zwingend vorgeschrieben, allerdings von den einzelnen Beschäftigten nicht gerichtlich einklagbar ist, da arbeitsrechtlich zwischen dem liquidationsberechtigtem Arzt und den am Krankenhaus angestellten nachgeordneten Ärzten kein eigenständiges Vertragsverhältnis besteht.[321] Die aus dieser Vorschrift resultierenden, anwendbaren Sanktionen sind somit ebenfalls ausschließlich **berufsrechtlicher** Natur und umfassen Maßnahmen wie Mahnung, Rüge und Ordnungsgeld, aber auch Verwarnung, Verweis, Entziehung des passiven Berufswahlrechts, Geldbuße und die Feststellung der Unwürdigkeit zur Ausübung des ärztlichen Berufs.[322]

Abschließend gilt für die Inanspruchnahme ärztlicher Leistungen als einer **Vereinbarung »höherer Dienste«** mit besonderer Vertrauensstellung nach § 627 Abs. 1 BGB das Recht zur fristlosen Kündigung ohne Begründung durch den Leistungsnehmer. Dem Arzt wird hier eine besondere Garantenstellung gegenüber seinem »Kunden« Patient zugemessen, die diesem bei einem Vertrauensverlust auch die sofortige Aufkündigung des Behandlungsvertrages mit allen daraus resultierenden wirtschaftlichen Nachteilen

---

319 Lübbersmann (2018) S. 3–4.

320 Ggf. unter Berücksichtigung des Rechts der Allgemeinen Geschäftsbedingungen, das seit 2003 auch für Arbeits- und Dienstverhältnisse gilt.

321 Ein ggf. bestehendes Weiterbildungsverhältnis ist öffentlich-rechtlicher Natur, vgl. Laufs (2010), S. 129.

322 Gerst (2011), S. A-504.

für den Arzt zubilligt. Der sich hieraus ergebende wirtschaftliche Schaden des Arztes realisiert sich z. B. bei zunächst fest vereinbarten, dann aber nicht wahrgenommenen Sprechstundenterminen, deren Erlösausfall (z. B. durch weiterlaufende betriebliche Fixkosten ohne den zuvor einkalkulierten Deckungsbeitrag) vom potentiellen Patienten im Regelfall nicht wird eingetrieben werden können.
Umgekehrt besteht dieses weitgehende, auch wirtschaftliche Recht der Kündigung für den Arzt gegenüber dem Leistungsnehmer Patient nach § 627 Abs. 2 BGB spiegelbildlich nicht.

5.3.3 Qualitätssicherung und Haftung

Qualitätssicherung und -management sind nach § 135a SGB V für alle Leistungserbringer im GKV-System verpflichtend, ohne dass die Übernahme der hierfür zwingend anfallenden zusätzlichen **Prozesskosten** gesetzlich geregelt wäre. Sämtliche Prozesse des ärztlichen Qualitäts- und Risikomanagements sind also rechtlich verfasst und beziehen sich hierin auch auf ärztliches Berufsrecht.[323] Der erwerbswirtschaftlich tätige Arzt muss seine Struktur-, Prozess- und Ergebnisqualität somit nicht alleine und vordergründig an der Zufriedenheit des Patienten, sondern auch an verbindlichen staatlichen Zielparametern messen lassen.
Die gesetzlichen Grundlagen für die wesentlichen normativen Befugnisse des GBA im Hinblick auf diese **Qualitätssicherungsmaßnahmen** und damit deren Hoheit über die faktischen Durchführungsbestimmungen der ärztlichen Leistungserbringung finden sich im SGB V[324]: Für die Einrichtung der Landesausschüsse und des Gemeinsamen Bundesausschusses sind dies §§ 91 – 94 SGB V, für das Ambulante Operieren § 115b SGB V, für die Weiterentwicklung der Versorgung § 63 Abs. 3 SGB V (Modellvorhaben), für die Sicherung der Qualität in der medizinischen Leistungserbringung §§ 135a–137b SGB V und für die Übermittlung von Leistungsdaten §§ 299 und 303e SGB V.
Auf die in diesem Zusammenhang bedeutsame persönliche **Fortbildungspflicht**[325] und den obligatorischen Fortbildungsnachweis als eine realisierte Operationalisierung von Qualität wurde bereits in 5.2.2 und 5.3.1 hingewiesen.

Eine Besonderheit der ärztlichen Leistungserstellung liegt schließlich in dem Umstand, dass sie grundsätzlich mit umfangreichen **Haftungsverpflichtungen**[326] verknüpft ist. Hierin unterscheidet sie sich zwar nicht grundsätzlich von der anderer freier Berufe, als ungewöhnliche erwerbswirtschaftliche Beschränkung mag aber angesehen werden, dass die (öffentlich-rechtlichen) Kostenträger sogar gesetzlich verpflichtet wurden,

---

[323] Hart (1997), vgl. auch Ollenschläger (1999), S. 2.

[324] Vgl. https://www.g-ba.de/institution/themenschwerpunkte/qualitaetssicherung/gesetz, Abruf am 18.09.2017.

[325] Laufs (2010), S. 123–125.

[326] Vgl. z. B. die Beweislastumkehr beim sog. »groben« Behandlungsfehler oder die umfangreichen ärztlichen Dokumentationserfordernisse.

den Leistungsnehmer Patient bei der Durchsetzung solcher persönlicher Haftungsansprüche aus fehlerhafter ärztlicher Behandlung aktiv zu unterstützen (vgl. § 66 SGB V i. V. m. § 116 SGB V[327]). Hierbei handelt es sich um eine spezifische, berufsrechtlich und erwerbswirtschaftlich wirksame gesetzliche Vorgabe, die sich in dieser Form ausschließlich auf die die Heilkunde Ausübenden bezieht und sich zum Beispiel im Rahmen der privaten Krankenversicherung nicht findet.

5.4 Vertrieb und Auslieferung

5.4.1 Vertriebswege, telemedizinische Tätigkeit, E-Health

Zur Begrenzung der erwerbswirtschaftlichen ärztlichen Tätigkeit mittels Einschränkung potentieller Vertriebskanäle sei hinsichtlich der Limitationen für eine **direkte Patientenakquise** und die Erzeugung einer **angebotsinduzierten Nachfrage** zunächst auf die Ausführungen zu den anwendbaren Werbeverboten (4.3.3)[328] und zulässigen IGeL-Leistungen (5.2.3, 5.5.2.2) verwiesen. Als weitere einschränkende Faktoren seien darüber hinaus das berufsrechtliche **Kollegialitätsgebot** nach § 29 MBO-Ä (Pflicht zum wohlwollenden Umgang mit Mitbewerbern) und die gesetzlichen Beschränkungen der **Abgabe von Hilfsmitteln** durch Ärzte nach § 128 Abs. 1 S. 1 SGB V[329] genannt. Auch die jahrhundertelang übliche und am Markt noch immer nachgefragte Form des Vertriebs ärztlicher Leistungen durch direktes Aufsuchen des Patienten an seinem aktuellen Aufenthaltsort ist mittlerweile berufsrechtlich teilweise untersagt. Nach § 17 MBO-Ä ist die ambulante ärztliche Tätigkeit außerhalb von Krankenhäusern an die Niederlassung in einer Praxis gebunden (Abs. 1); insbesondere ist das »**Umherziehen** (…) berufsrechtswidrig« (Abs. 3). »Keine unzulässige Form der Ausübung der ambulanten Tätigkeit im Umherziehen stellt [dem gegenüber, d.Verf.] die aufsuchende medizinische Gesundheitsversorgung dar«.[330] Selbst die medizinisch erforderlichen Hausbesuche behandelnder Ärzte bei mangelnder Mobilität der Patienten sind ausführlich reglementiert.[331] Bei Abrechnung einer gemessen an seiner Fachgruppe überdurch-

---

327 MHBA-Text 55, S. 20.

328 Zur Übersicht s. auch Laufs (2010), S. 172–185.

329 Vgl. auch Kluth (2004).

330 Bundesärztekammer (2008 a), S. A 1020.

331 § 17 BMV-Ä: »Die Besuchsbehandlung ist grundsätzlich Aufgabe des behandelnden Hausarztes.« (Abs. 6, S. 1) »Besuche außerhalb seines üblichen Praxisbereiches kann der Vertragsarzt ablehnen, es sei denn, dass es sich um einen dringenden Fall handelt und ein Vertragsarzt, in dessen Praxisbereich die Wohnung des Kranken liegt, nicht zu erreichen ist.« (Abs. 4) »Die Krankenkassen haben ihre Versicherten darüber aufzuklären, dass sie einen Anspruch auf Besuchsbehandlung nur haben, wenn ihnen das Aufsuchen des Arztes in dessen Praxisräumen wegen Krankheit nicht möglich oder nicht zumutbar ist.«, für Fachärzte vgl. dazu auch Carl (2013), S. 26–27.

schnittlich hohen Zahl von Hausbesuchen hat der Vertragsarzt im Rahmen seiner Wirtschaftlichkeitsprüfung durch die KV mit einem Regress zu rechnen.[332]

Eine solche **Einengung der freien Wahl seiner Vertriebswege** nimmt dem erwerbswirtschaftlich tätigen Arzt eine erlösrelevante ökonomische Option, ohne dass (die für einen solchen individuellen Grundrechtseingriff oft zitierten) Belange des Allgemein- oder speziellen Patientenwohls dem erkennbar entgegenstünden. Es ist insbesondere nicht ersichtlich, wie das Patientenwohl durch eine solche Einschränkung befördert werden sollte, wo der Patient doch selbst dieses Wirtschaftsgut aktiv nachfragt.
Umgekehrt ist der niedergelassene Vertragsarzt nach § 17 BMV-Ä zur ärztlichen Versorgung der Patienten in seinem »üblichen« Praxisbereich »entsprechend dem Bedürfnis nach einer ausreichenden und zweckmäßigen vertragsärztlichen Versorgung« gesetzlich verpflichtet. Auf Grund des Mangels insbesondere an Hausärzten und der erwartbaren demographischen Entwicklung in Deutschland mit zunehmender Überalterung und Multimorbidität der Bevölkerung weitet sich dieser Verantwortungsbereich im kollektiven System der Sicherstellung immer stärker aus und verlangt dem verpflichteten Arzt somit eine immer stärkere Besuchs- und »Reise«tätigkeit ab, die ökonomisch aufwändiger, also gewinnschmälernder ist und sich immer schlechter aus den GKV-Erlösen refinanzieren lässt.

Gleiches kann im Grundsatz auch für das **Verbot der Fernbehandlung** (als Verstoß gegen die Verpflichtung zur persönlichen Behandlung, s. 5.3.2) gelten, jedenfalls dann, wenn der Patient sie als Serviceleistung explizit nachfragt, mit deren mangelnder medizinischer Zuverlässigkeit ausreichend vertraut und im Ergebnis mit diesem Vorgehen trotzdem einverstanden ist. Dies gilt umso mehr, als diese Form der ärztlichen Behandlung in Notfällen bereits jetzt breite und gesellschaftlich akzeptierte Anwendung findet.[333]
Mittlerweile weicht auch der Gesetzgeber das Prinzip der »persönlichen Behandlung«, z. B. in § 7 Abs. 4 der MBO-Ä, »immer weiter auf, um telemedizinische Leistungen stärker in den Praxen zu verankern.«[334] »Im Hinblick auf den technischen Fortschritt und die gesetzgeberischen Aktivitäten im Bereich der Telemedizin ist nicht auszuschließen, dass in naher Zukunft auch die bislang eher strikt gehandhabten Vorgaben zum Verbot der Fernbehandlung (§ 7 Abs. 4 M-BO) und der Werbung hierfür gelockert werden.«[335]
Trotz dieser optimistischen Einschätzung finden konkrete **telemedizinische ärztliche Tätigkeiten** und kollektive **E-Health**-Verfahren erst langsam Eingang in das ärztliche Vertriebsnetz. So haben sich KBV und GKV-Spitzenverband jüngst auf Änderungen des EBM verständigt, die die Abrechnung von **Videosprechstunden** erlauben. Allerdings

---

332 Zimmermann (2017).

333 Z. B. Notfallbehandlungen per Funk, Skype oder Internet, etwa auf Ölbohr-Plattformen, Kreuzfahrtschiffen oder in unwirtlichen Regionen der Welt (wie in der Antarktis).

334 Witte (2017), S. 3.

335 Halbe (2017), S. B-375.

gilt: »Telemedizinische Leistungen sind gem. § 2 Abs. 3 der Anlage 31 zum Bundesmantelvertrag jedenfalls anzeige-, teilweise auch genehmigungspflichtig.«[336]
Eine wichtige Differenzierung besteht in diesem Zusammenhang zwischen der allgemeinen, Distanzmedien nutzenden **Gesundheitsberatung**, die durch Ärzte rechtskonform erfolgen kann, und der individuellen, fallbezogenen **Behandlung** als Diagnostik und Therapie eines spezifischen Krankheitsbildes, die dem persönlichen Arzt-Patienten-Kontakt vorbehalten bleibt. Selbst eine primär telemedizinisch initiierte und dann sekundär daraus resultierende persönliche Patientenakquise nach allgemeiner telefonischer Erstberatung ist nur unter Bedingungen gerechtfertigt: »Nach geltendem Recht ist allerdings darauf zu achten, dass dies immer nur der Anbahnung einer nachfolgenden persönlichen Untersuchung dienen darf.«
Es ist ferner zwischen Leistungen, die allein **zwischen Ärzten**, und solchen, die **zwischen Ärzten und Patienten** erbracht werden, zu unterscheiden.[337] Schon jetzt ist die telemedizinische Behandlung im Rahmen von Teil-Berufsausübungsgemeinschaften nach § 18 Abs. 1 MBO-Ä zulässig.[338] In Pilotprojekten konnte darüber hinaus gezeigt werden, dass »eine ergänzende telemedizinische Betreuung keinen negativen Einfluss auf die Beziehung der Patienten zu ihren niedergelassenen Haus- und Fachärzten hatte«.[339]

Neben den berufsrechtlichen Beschränkungen seiner individuellen telemedizinischen Tätigkeit (Negativ-Normen) ist der erwerbswirtschaftlich tätige Arzt auch gesetzlichen Verpflichtungen (Positiv-Normen) im Hinblick auf seine Zwangsbeteiligung an kollektiven **E-Health-Verfahren** unterworfen. Vordergründig sei hier v. a. die **elektronische Gesundheitskarte (eGK)** genannt, die zum Beispiel die Übermittlung und (damit haftungsrechtlich relevante) Nutzung von kartenbasierten Notfalldaten verbindlich vorsieht.[340] Dies impliziert auch entsprechende Vorhaltemaßnahmen und -kosten.

5.4.2 Forderungsmanagement

Auch die Möglichkeiten zur **Forderungsbeitreibung** sind für Ärzte im Gegensatz zu anderen gewerblichen Unternehmern durch standes- und berufsrechtliche Vorschriften deutlich eingeschränkt, was ihre unternehmerischen Risiken in dieser Hinsicht merklich erhöht.[341] Darüber hinaus sind Leistungs- und Rechnungsstreitigkeiten sowie Forderungsausfälle in diesem Bereich immer wieder mit persönlichen **Haftungs- und Schadensersatzansprüchen** gegen den Arzt verknüpft, in denen der Patient nicht nur

---

336 Witte (2017), S. 3.

337 Kluska (2012), S. 5.

338 Bundesärztekammer (2008 a), S. A 1022.

339 Kluska (2012), S. 1, 8–11.

340 Stachwitz (2017).

341 Vgl. Ulbricht (2008).

einen wirtschaftlichen Ausgleich verweigert, sondern darüber hinaus noch die Mangelhaftigkeit der Behandlungsleistung rügt.[342]

Bereits die in anderen wirtschaftlichen Branchen unstrittige, ja grundsätzliche unternehmerische **Vertragsfreiheit** kann im medizinischen Bereich in Konflikt mit dem begründeten Behandlungsbegehren eines Patienten und der komplementären **Behandlungspflicht** (dem vertraglichen Kontrahierungszwang) des Arztes treten.[343] Im Regelfall kann sich der Arzt nämlich einer Behandlung und dem dazugehörigen Behandlungsvertrag – jedenfalls in Notfallsituationen oder doch in jenen, die der Patient als solche schildert – berufsrechtlich nicht entziehen.
Selbst bei erkennbarer Zahlungsunfähigkeit oder -unwilligkeit sind die Möglichkeiten der wirtschaftlichen Absicherung für den erwerbswirtschaftlich tätigen Mediziner eingeschränkt. **Vorauszahlungen** auf die ärztliche Leistung z. B. sind – wie bei allen Dienstverträgen – nach § 614 S. 1 BGB nicht statthaft. Anders als bei Werkverträgen ist der Arzt hier vorleistungspflichtig. Lediglich bei Fremdkosten, z. B. eines auswärtigen Labors oder für medizintechnisches Gerät, wäre eine Abschlags- oder Teilzahlung denkbar, da es sich hierbei nicht um die Vergütung der eigenen, persönlichen Leistung handelt.[344]
Das Konstrukt der gesetzlichen Krankenversicherung soll dem erwerbswirtschaftlich tätigen Arzt (u. a. mittels der Garantiewirkung einer Gesundheitskarte) hier (mehr) Zahlungssicherheit verschaffen. Alternativ wäre die Nachfrage beim öffentlichen Schuldnerverzeichnis praktikabel.[345] Bonitätsauskünfte sind demgegenüber nicht zulässig, weil die dazu erforderliche Übermittlung personenbezogener Daten an der gesetzlich normierten ärztlichen Schweigepflicht scheiterte.[346]

Besonders im Selbstzahler- und Wahlleistungsbereich nehmen die Außenstände und **Forderungsausfälle** wirtschaftlich tätiger Ärzte zu.[347] Deren rechtskonforme Beitreibung bedarf der Beachtung zahlreicher Regeln, die vor allem aus der ärztlichen **Schweigepflicht** nach § 203 Abs. 1 Ziff. 1 StGB und dem berufsrechtlichen Regelwerk der **GOÄ** resultieren.[348] Bei strittigen Leistungs- oder Rechnungsinhalten sowie drohendem Zahlungsausfall sind die Möglichkeiten des erwerbswirtschaftlich tätigen Arztes in der Auseinandersetzung mit dem Patienten berufsbezogen beschränkt. Die Schweigepflicht verbietet ihm zunächst einmal die Weitergabe personenbezogener Daten, selbst zur

[342] Scheffler (2003), S. A 3257.

[343] Ulbricht (2008), S. 46–48.

[344] OLG München, Urteil vom 11.05.95, Az. 1 U 5547/94, Ulbricht (2008), S. 13-18.

[345] Scheffler (2003), S. A 3257.

[346] Ulbricht (2008), S. 50–57.

[347] Ulbricht (2008), S. 5: Anfang des Jahrtausends musste eine Arztpraxis etwa 3 % ihres Umsatzes abschreiben, Godek (2009), S. A 940.

[348] Scheffler (2003 a), S. A 3329.

Durchsetzung eigener erworbener Rechte wie das des Zahlungsausgleichs.[349] Die wahrheitsgemäße und detaillierte Schilderung erbrachter ärztlicher Leistungen und damit die Benennung der konkreten, fallbezogenen gesundheitlichen Probleme des Patienten sind aber gerade Voraussetzung einer begründeten, rechtssicheren Forderung und eines aktiven Forderungsmanagements.
Daher gelten in Fällen wie diesen eng umgrenzte **Erlaubnistatbestände** von der grundsätzlichen ärztlichen Schweigepflicht. Es sind dies verallgemeinernd: (a) gesetzliche Vorschriften oder (Melde-) Pflichten, (b) individuelle Rechtfertigungsgründe wie die (mutmaßliche) Einwilligung des Patienten oder (c) ein »rechtfertigender Notstand« nach § 34 StGB.[350]
Während die Weitergabe **personenbezogener Daten** innerhalb der vertragsärztlichen Versorgung im SGB V grundlegend geregelt ist (und somit dem Erlaubnistatbestand der gesetzlichen Vorschrift [a] entspricht),[351] mangelt es im Selbstzahler- oder Wahlleistungsbereich an solchen billigenden *ex ante*-Normen. Erst die konkrete (nicht: stillschweigende) individuelle, fallbezogene Patienteneinwilligung legitimiert daher als weiterer Erlaubnistatbestand (b) die Hintanstellung der ärztlichen Schweigepflicht und die Weitergabe personenbezogener Daten an Dritte.[352]
Ohne deren Vorliegen scheiterte z. B. schon die Beauftragung externer **Inkasso-Unternehmen**, was die Nutzung der dort vorhandenen Spezialisierungseffekte und der daraus resultierenden Rationalisierungsvorteile für eine Praxis zumindest erschwert. Lediglich die Beauftragung einer »Auftragsdatenverarbeitung« an einen externen Dienstleister (im Sinne eines Outsourcing) ist nach § 11 BDSG und § 80 SGB X rechtlich umschrieben privilegiert.[353]
Selbst die Einbeziehung eines Rechtsvertreters und der Instanzgerichte in die Auseinandersetzung mit dem Patienten setzt mindestens die angemessene vorherige Ausschöpfung aller anderen außergerichtlichen und anonymen Rechtsverfolgungsmaßnahmen voraus. Erstere Schritte fallen dann wiederum unter den engen rechtlichen Erlaubnistatbestand des rechtfertigenden Notstandes (c).[354]

Die Begleichung der ärztlichen Rechnung hängt dann von **Zahlungsfristen** ab, die in ihrer Länge die der »freien« Wirtschaft deutlich übersteigen. Schon die **quartalsweise Abrechnung** der vertragsärztlich erbrachten Praxisleistungen durch die KV stellt im ungünstigsten Fall eine **Stundung der Erlöse** für bis zu drei Monate dar; aber auch die Auszahlung unstrittig erworbener Punktwerte erfolgt dann erst im übernächsten Quartal, was eine Zahlungslatenz von bis zu weiteren sechs und insgesamt bis zu neun

[349] Ulbricht (2008), S. 20–36.

[350] Ulbricht (2008), S. 23–28.

[351] Vgl. Ulbricht (2008), S. 24.

[352] Ulbricht (2008), S. 20–23, Godek (2009), S. A 940.

[353] Schütze (2015), S. A 719.

[354] Ulbricht (2008), S. 27-28, S. 201–202.

Monaten bedeuten kann. **Zinsverluste** werden aber durch das sozialrechtlich normierte kollektive Abrechnungssystem nicht erstattet.
Auch im **privatärztlichen** Bereich nimmt die zeitaufwändige Überprüfung ärztlicher Rechnungen und damit die Zahlungsverzögerung deutlich zu. Die mangelnde Modernität der GOÄ, die zahlreich aktuelle medizinische Leistungen nur über Analogziffern erschließt, spielt hierbei eine wesentliche Rolle. »Im Schnitt muss jeder fünfte Betrag zumindest einmal angemahnt werden.«[355] Den Patienten wird dabei sogar oft die Zurückhaltung des Rechnungsausgleiches bis zur abschließenden Prüfung durch den Kostenträger ausdrücklich empfohlen, was wenigstens die Instanzgerichte als einen rechtmäßigen Ausgleich sehen zwischen den wirtschaftlichen Interessen des Arztes und dem Interesse der Allgemeinheit, die Kosten im Gesundheitswesen wirksam zu begrenzen.[356]
Eine mangelnde Zahlungsmoral dieser wahlärztlichen Leistungsnehmer wirkt sich aber umso stärker aus, da sie gegenwärtig insgesamt ein Drittel bis fast die Hälfte des Praxisumsatzes ausmachen.[357]
Zusammenfassend erhöhen solche überlangen Zahlungsfristen und wachsenden Zahlungsausfälle die **Kapitalkosten** einer Praxis und mindern die **Liquidität** des erwerbswirtschaftlich tätigen Arztes.[358]

5.5 Marketing

5.5.1 Marketing-Mix

Obgleich von Seiten der Gesundheitspolitik gerne das Gegenteil suggeriert wird, stellt das deutsche Gesundheitswesen mit seinem GKV-Übergewicht und seiner ein Überangebot eher meidenden strukturellen Organisation einen **Verkäufermarkt** mit Oligopolartigen Strukturen dar, der in seinen eigengesetzlichen Mechanismen eine konsequente Potentialanalyse, Ziel- und Marktausrichtung sowie Kundenorientierung zumeist vermissen lässt.[359] Dieser Umstand beeinflusst – ebenso wie zahlreiche Werbebeschränkungen und die Besonderheiten des Dienstleistungsgeschehens an sich[360] – natürlich auch den Anspruch an das **Marketingkonzept** eines erwerbswirtschaftlich tätigen

355 Godek (2009), S. A 940.

356 LG München, Urteil vom 19.02.2002, Az. 6 O 17 192/01, Ulbricht (2008), S. 2.

357 Ulbricht (2008), S. 1–2.

358 Vgl. Ulbricht (2008), S. 40–45.

359 Vgl. MHBA-Text 9, S. 4–6.

360 Vgl. MHBA-Text 9, S. 40–41.

Arztes und seine anwendbaren Absatzstrategien sowie -instrumentarien. Auf die Einschränkungen der Kooperationsstrategien[361] wurde bereits gesondert eingegangen. Ein denkbarer **Marketing-Mix** für die erwerbswirtschaftliche ärztliche Tätigkeit umfasst alle wichtigen Elemente wie die Produkt-, Preis-, Distributions- und Kommunikationspolitik.[362] Der Produktgestaltung entsprechen hier beispielhaft die Rahmenbedingungen des vertragsärztlichen Versorgungsauftrags, die Preisgestaltung ist staatlicherseits im GOÄ-, EBM- oder DRG-System festgelegt sowie bei letzteren beiden budgetiert, und die Distributions- wie Kommunikationsgestaltung richten sich vorwiegend nach engen (berufs-)gesetzlichen Vorgaben (z. B. in HWG, UWG oder MBO-Ä).[363]

Im Folgenden sei auf diese unterschiedlichen **Komponenten des Marketing-Mixes** eines erwerbswirtschaftlich tätigen Arztes im Einzelnen eingegangen.

5.5.2 Produktpolitik

5.5.2.1 Determinanten und ihr Management

Bezogen auf das Berufs- und Kammerrecht wird die **Produktpolitik** eines Arztes zunächst allgemein durch so unterschiedliche Aspekte wie Berufs- und Weiterbildungsordnungen der Ärztekammern, Leitlinien der Fachgesellschaften, das Haftungsrecht und die faktische Nachfrage am regionalen Gesundheitsmarkt bestimmt. Die Produktpolitik des niedergelassenen Vertragsarztes wird darüber hinaus durch die **Sozialgesetzgebung** und -rechtsprechung sowie durch die umsetzenden Vorgaben der **KVen** geprägt. Letztere resultieren wiederum aus vertraglichen Vereinbarungen mit den Kostenträgern und damit mittelbar aus der (politisch determinierten) Leistungspolitik der gesetzlichen und privaten Krankenversicherung. Von besonderer Bedeutung im System der GKV sind hierbei die Vorgaben des **gemeinsamen Bundesausschusses**.

Insbesondere die **Weiterbildungsordnung** der Ärztekammern stellt in diesem Zusammenhang eine objektive, indirekte Marktzugangsbeschränkung dar, da sich approbierte Ärzte im Rahmen der vertragsärztlichen Versorgung nur in einem einzigen Versorgungsbereich und damit im Regelfall nur in einem einzigen anerkannten Schwerpunkt niederlassen dürfen[364], in dem wiederum das erstattungsfähige Budget durch die Vereinbarungen mit den Kostenträgern pauschal definiert ist. Dies limitiert z. B. die ärztliche Flexibilität am Markt (vgl. 5.2.2), mögliche Ausweich- und Nischenstrategien sowie eine innovative Produktentwicklung. Immerhin hat das BVerfG schon 1972 ausdrück-

[361] Vgl. MHBA-Text 57, S. 23.

[362] Vgl. MHBA-Text 44, S. 5–8 und MHBA-Text 57, S. 6–8.

[363] Vgl. MHBA-Text 57, S. 6–7.

[364] Vgl. »Facharztbeschluss«, BVerfGE 33, 125 = NJW 1972, 1504, vgl. Laufs (2010), S. 126–127.

lich festgestellt[365], dass die Ausweisung von ärztlichen Schwerpunkten auch einer angemessenen Wirtschaftlichkeit folgen und »dem auf sein Gebiet beschränkten Arzt eine ausreichende wirtschaftliche Lebensgrundlage gewährleistet«[366] sein müsse.
Für die Produktpolitik ferner relevant sind die **Leitlinien** sowohl der öffentlich-rechtlichen Gremien (hier als verbindliche *Richt*linien, z. B. des GBA oder der KV) wie auch der wissenschaftlichen Fachgesellschaften. Während erstere die konkrete Leistungspolitik der GKV-Kostenträger und damit die Einnahmen der erwerbswirtschaftlich tätigen Ärzte in diesem Sektor definieren, üben letztere indirekten Einfluss aus über ihre haftungsrechtliche Interpretation durch die Instanzgerichte bei **Behandlungsfehlervorwürfen**.
Sie beabsichtigen insgesamt alle, den kondensierten Ausdruck einer auf wissenschaftlicher Evidenz basierten Versorgungsqualität darzustellen. Die Bedeutung und Verbindlichkeit von Leitlinien wurde schon früh diskutiert. Bereits in diesem Stadium wurde auch immer wieder Bezug auf deren Funktion sowohl als Qualitätssicherungsinstrument wie als Maßnahme der Wirtschaftlichkeitssteuerung genommen.[367]

In der Wahrnehmung des Nachfragers Patient ist in diesem stark individualisierten Marktverhältnis der Arzt letztlich sein eigenes Produkt. Da dieser sich nicht immer neu erfinden kann, sind seine persönliche Innovations- und Diversifikationskraft ebenso wie seine **Programmpolitik** genuin eingeschränkt. Aufgrund der asymmetrischen Information im Gesundheitsmarkt bedient er sich daher eines persönlichen **»Market Signalling«** (vgl. 4.1), um der uninformierten Seite seine Produktqualität glaubhaft zu machen.[368] Dieses Signalling besteht im Regelfall in einer kontinuierlichen Fort- und Weiterbildung sowie einer marktadäquaten fachlichen Spezialisierung, die im Sinne einer Präferenz-Marketingstrategie jeweils öffentlichkeitswirksam präsentiert werden. Hier greifen wiederum die berufsrechtlich verankerten Werbeeinschränkungen zur beruflichen Kommunikation, z. B. nach § 27 MBO-Ä (vgl. 4.3.3).[369] Die Abgrenzung der rechtlich zulässigen, ungezielten Öffentlichkeitsarbeit und allgemeinen Imagebildung von der berufsrechtlich problematischen direkten Patientenakquise ist oft schwierig.

Die **Gewährleistung** eines individuellen Behandlungserfolges als Signal der **Produktqualität**[370] ist im Gesundheitswesen nicht nur unmöglich und unüblich, sondern im konkreten Fall als unlautere Werbung aufgrund seiner Unvorhersagbarkeit sogar untersagt. Die Gefahr unlauterer Werbung limitiert auch die vertriebspolitisch interessanten, produktbezogenen ärztlichen **Serviceleistungen**.

---

365 BVerfGE 33, 125, 167 = NJW 1972, 1504, 1508.

366 Laufs (2010), S. 132.

367 Hart (1998), Ollenschläger (1999), Vogd (2002).

368 Emons (2001), S. S. 665–666.

369 Ausführlich in: Bundesärztekammer (2004).

370 Emons (2001), S. 667.

Variable **Finanzierungsangebote** (z. B. Kredite, Rabatte) scheiden bei einem staatlich pauschal bepreisten, budgetierten Versicherungssystem ebenfalls aus bzw. werden durch das Auseinanderfallen von Leistungsnehmer und Kostenträger für den Endkonsumenten Patienten unattraktiv.
Global gesehen sollen die anhaltenden Qualitätssicherungsanstrengungen der Sozialpartner im Gesundheitswesen kollektiv gerade diese besonderen Effekte erzielen (helfen).
Aus erwerbswirtschaftlicher Sicht wäre für den erlösorientierten Arzt auch ein **»Screening«** auf »gute« (Patienten-) Risiken wünschenswert (vgl. 4.1).[371] Dieses wird berufsrechtlich jedoch durch die persönliche Behandlungsverpflichtung des Arztes (seinen Kontrahierungszwang) – wenigstens im öffentlich-rechtlichen System der GKV – unterbunden.

5.5.2.2 Angebotsinduzierte Nachfrage, IGeL-Leistungen

Erwerbswirtschaftlich durchaus anerkannt, aber medikolegal und ethisch höchst umstritten, ist die absatzfördernde *de novo*-Begründung einer Konsummotivation des Abnehmers Patient für medizinische Produkte oder Dienstleistungen durch den ärztlichen Dienstleister selbst (vgl. Principal-Agent-Problematik oder auch Saysches Theorem[372]), also die originäre, angebotsinduzierte Erzeugung einer bisher nicht vorhandenen (und möglicherweise auch objektiv nicht notwendigen) Nachfrage nach Gesundheitsleistungen zulasten der GKV oder des Konsumenten selbst.[373]
Auf die umsatzsteuerrechtlichen Implikationen dieser Interpretation wurde oben bereits ausführlich eingegangen. Betriebswirtschaftlich gesehen handelt es sich als Marktfeldstrategie letztlich um die **Produktneuentwicklung** oder auch (weitere) **Diversifikation** in einem ansonsten gesättigten (da budgetierten) Markt.

Strittig ist insbesondere die Bewertung von sogenannten **IGeL-Leistungen**[374] sowie von **Wahlleistungen**, die nach § 1 Abs. 2 S. 2 GOÄ »über das Maß einer medizinisch notwendigen ärztlichen Versorgung hinausgehen« und die nur berechnet werden dürfen, »wenn sie auf Verlangen des Zahlungspflichtigen erbracht worden sind«. Es wird hier behauptet: »Der Arzt kann demnach die Menge der medizinischen Leistungen durch

371 Emons (2001), S. S. 666.

372 Vgl. https://de.wikipedia.org/wiki/Saysches_Theorem, Abruf am 24.06.2017, hier auch zitiert: John Maynard Keynes: »Supply creates its own demand«, in: The General Theory of Employment, Interest, and Money, Chapter 2, Section VII. Vgl. auch »Angebotsinduzierte Nachfrage als gesundheitspolitisches Problem«, https://www.uni-trier.de/fileadmin/fb4/prof/BWL/SAM/ … / WS …/2_2_Zhang.pdf, Abruf am 24.06.17, und »Das Saysche Gesetz im Gesundheitswesen: Schafft sich das ärztliche Leistungsangebot seine eigene Nachfrage?«, https://duepublico.uni-duisburg-essen.de/servlets/DerivateServlet/Derivate …/gesetz.pdf, Abruf am 24.06.2017.

373 Kern (2002), Henke (2006), S. 116–117, zur Übersicht: Voigt (2013), MHBA-Text 1, S. 35.

374 Zur Übersicht: Voigt (2013).

Therapievorschläge so steuern, daß sie für ihn gewinnmaximal wird.«[375] Und: »Bei der Festlegung der medizinischen Leistung entscheidet der Arzt nach einem Kosten-Nutzen-Kalkül, in das Entlohnungsaspekte, der entstehende Aufwand und sein Berufsethos einfließen.«[376]
Übersehen wird dabei jedoch auch gerne, dass die seit Jahrzehnten unveränderte GOÄ faktisch eine Art **Preismoratorium** (für wahlärztliche Leistungen) darstellt.
Von Bedeutung für eine Bewertung dieser Art von **Verkaufsförderung** (die auch Aspekte eines »Cross Selling« zur primären GKV-Tätigkeit aufweist) ist besonders, dass objektive **Gemeinwohlbelange** nicht unbedingt mit subjektiven **Patientenpräferenzen** oder dem objektiv besten Patienteninteresse korrespondieren, da letztere im Vergleich zu ersteren keine kollektive Aufwands-Nutzen-Abschätzung verlangen.
Bei Vertragsärzten darf ferner eine außerhalb des GKV-Systems betriebene, freiberufliche oder gewerbliche IGeL-Tätigkeit nicht mit der Pflicht zur Mitwirkung an der Sicherstellung der Versorgung gesetzlich Krankenversicherter nach § 20 Ärzte-ZV »in erforderlichem Maße« in Konkurrenz treten. Eine Nebenbeschäftigung von unter 13 Wochenstunden wird nach geltender Rechtsprechung hiermit als vereinbar angesehen, wenn die gewerbliche Betätigung des Arztes grundsätzlich »ihrem Wesen nach mit der Tätigkeit des Vertragsarztes zu vereinen« ist und diese zu keiner Interessen- und **Pflichtenkollision** führt.[377]

Im GKV-System ist selbst die **systemkongruente Nachfragestimulation** ausdrücklich unerwünscht. Ursprünglich lautete der § 87b Abs. 2 SGB V: »Zur Verhinderung einer übermäßigen Ausdehnung der Tätigkeit des Arztes und der Arztpraxis sind arzt- und praxisbezogene Regelleistungsvolumina festzulegen.« Seit dessen Novellierung 2016 heißt es wohlwollender, aber gleichfalls negativ belegt: »Der Verteilungsmaßstab hat Regelungen vorzusehen, die verhindern, dass die Tätigkeit des Leistungserbringers über seinen Versorgungsauftrag nach § 95 Absatz 3 oder seinen Ermächtigungsumfang hinaus übermäßig ausgedehnt wird.«
Auch im Gesundheitswesen kann es jedoch nicht als grundsätzlich unethisch gelten, Bedürfnisse nach Gesundheitsleistungen erst zu wecken, um sie dann als Anbieter zu befriedigen.[378] Dies ist z. B. auch im System der öffentlichen Gesundheitsfürsorge dezidiert anerkannt für den gesamten Bereich der Prävention[379], Vorsorge[380] und Früherkennung[381].

---

375 Schneider (1998), S. 18.

376 Schneider (1998), S. 22.

377 Vgl. http://www.anwaltzentrale.de/rechtsanwalt_fachartikel/fachartikel_detail.php?id=7, Abruf am 09.07.2017.

378 Vgl. Lübbe (2006), S. 178.

379 Verhinderung von Risikokonstellationen, z. B. Kariesprophylaxe, Raucherentwöhnung.

380 Erkennung gutartiger, entartungsfähiger Vorstufen, z. B. bei Dickdarmspiegelungen.

381 Erkennung besser therapierbarer Tumorstadien, z. B. Mammographie-Screening, Prostataabtastung.

»Ein zentrales Anliegen der Gesundheitsökonomie liegt darin, Mechanismen zu entwickeln, unter denen Ärzte ihren Informationsvorsprung nicht opportunistisch ausnutzen und nur noch Leistungen im Sinne des Patienten verordnen. Es handelt sich hier um ein Problem der **Informationsökonomie.**«[382] Dieses Informationsdefizit besteht auf Seiten der Nachfrager wie auf Seiten der Kostenträger: »So bestehen auf dem privatärztlichen Markt keine Maßnahmen der Qualitätssicherung in ähnlicher Art wie sie Krankenkassen gemeinsam mit den Kassenärztlichen Vereinigungen vereinbaren.«[383] »Mit diesem Themenbereich ist unmittelbar die grundlegende Frage der Gesundheitspolitik berührt, inwieweit eine Steuerung der Ressourcen im Gesundheitswesen besser durch **Entscheidungen auf der Nachfrageseite** oder durch **Regulierung des Angebots** erreicht werden kann.«[384] Die Beschränkung der erwerbswirtschaftlichen ärztlichen Tätigkeit durch das Berufsrecht beantwortet diese Frage mit der Verwirklichung der zweiten Alternative. Das deutsche Gesundheitswesen fußt nämlich vorwiegend auf dem Prinzip der **Steuerung des Leistungsgeschehens.**[385] Das Anspruchsdenken des (potentiellen) Konsumenten soll kosteneffizient eingeschränkt werden. Ein wesentliches Instrument dieses Denkens ist die weitgehend pauschalierte Vergütung ärztlicher Leistungen. Dabei gilt: »Vergütungshöhe und Behandlungsumfang sollen sich im Idealfall entsprechen.«[386] Aus Sicht des ökonomischen Prinzips widerspricht diese Form der Entgeltregelung aber eigentlich dem gleichzeitig im gesundheitspolitischen Diskurs des letzten Jahrzehnts allenthalben hochgehaltenen Qualitäts(-sicherungs)-gedanken: Der Leistungsanbieter Arzt wird bei fixem Erlös zur Maximierung seines persönlichen wirtschaftlichen Gewinns ein Minimum an Kosten produzieren wollen. Unter diesen Bedingungen soll trotzdem gleichzeitig ein Optimum an Qualität erzeugt werden. Die (berufs-)rechtliche Eingrenzung des möglichen wirtschaftlichen Erfolgs seiner erwerbswirtschaftlichen Betätigung wird als die Klammer gesehen, die beide Ansprüche letztlich verbinden und kompatibel machen soll.

5.5.3 Preispolitik

Die (wenigen) Variablen einer möglichen **Preispolitik** sind für den erwerbswirtschaftlich tätigen Arzt ebenfalls durch berufsrechtliche Vorgaben bestimmt, wonach sich die Abrechnung einer ärztlichen Tätigkeit im nicht-vertragsärztlichen Bereich verpflich-

382 Emons (2001), S. 668, vgl. https://de.wikipedia.org/wiki/Informationsökonomie: »(...) der zentrale Produktionsfaktor ist die von einem physischen Gut unabhängige Information«.

383 Kern (2002), S. 2.

384 Kern (2002), S. 3, vgl. auch Reinhardt (1989).

385 Vgl. Preis (2010), S. 142–143.

386 Preis (2010), S. 143.

tend nach der GOÄ bzw. im vertragsärztlichen Sektor nach dem EMB zu richten hat:[387] Sie sind quasi »das Preisetikett für die Krankheit.«[388]
Dadurch und durch das berufsrechtliche Verbot nach § 12 Abs. 1 S. 3 MBO-Ä sind z. B. **Rabatte** nicht möglich. Ärzte sind verpflichtet, ihre Leistungen nach öffentlich-rechtlichen Gebührenordnungen innerhalb eines vorgegebenen Gebührenrahmens nach sachlich-medizinischen Kriterien abzurechnen.[389]
Dem Arzt ist es ferner nach dem **Zuwendungsverbot** des § 7 HWG und neuerdings auch nach dem **Korruptionsverbot** im Gesundheitswesen gemäß den §§ 299a und 299b BGB nicht erlaubt oder wenigstens stark erschwert, Mengen- bzw. Exklusivitätsvorteile durch eine privilegierte Zusammenarbeit mit wirtschaftlichen Partnern an seine Patienten weiterzugeben, während dies in der »freien« Wirtschaft als akzeptierter und gewünschter, ja erwarteter Regelfall bezeichnet werden kann.
Wesentliches Regulativ einer ärztlichen Preispolitik ist ferner die **Budgetierung** vertragsärztlicher Leistungen, die eine (unkontrollierte) Umsatzausweitung wenigstens im GKV-Bereich unterbinden soll.
Der EBM sieht darüber hinaus bestimmte **rahmenmäßige Zeitvorgaben** bei der ärztlichen Leistungserbringung vor, die (deklaratorisch aus Gründen der Behandlungsqualität) nicht unterschritten werden dürfen.[390] Die Erhöhung des gesamtwirtschaftlichen Outputs, z. B. durch Rationalisierungsvorteile wie Lern- und Spezialisierungseffekte, wird dadurch gehemmt, dass eine Vermehrung der Anzahl behandelter Patienten (-fälle) nicht mit einer Umsatz- bzw. Erlössteigerung der Praxis einhergeht.
Bei vorgegebenem Tarif (als »Taxe« nach § 612 Abs. 2 BGB) differieren schließlich die **Zielvorstellungen** von Arzt und Patient im Hinblick auf den bezüglich der medizinischen Leistung tatsächlich zu leistenden, auch monetären Aufwand.[391]

Die berufsrechtliche Bindung an pauschalierte Tarifsysteme mit weitgehend unveränderbaren[392] Preisen für ärztliche (Komplex-) Leistungen sowohl im EBM wie in der GOÄ erschwert bzw. unterbindet einen Wettbewerb der ärztlichen Anbieter durch zeitliche, räumliche, mengenmäßige oder qualitative **Leistungs- und Preisdifferenzierung**. Durch die bestehende, zumeist standardisierte Pflichtversicherung bei austauschbaren

387 Vgl. hierzu auch § 612 Abs. 2 BGB, § 12 Abs. 1 MBO-Ä, § 1 Abs. 1 GOÄ, EBM, Stand 01.04.2017, Kapitel I, Abschnitt 1, S. 1.

388 Preis (2010), S. 143, im Krankenhaus erfüllt die pauschalierte Abrechnung nach dem DRG-System diesen Zweck.

389 Vgl. auch https://www.wettbewerbszentrale.de/de/branchen/gesundheit/ueberblick/#%C3%84rzte,%20Zahn%C3%A4rzte, Abruf am 09.07.2017.

390 Vgl. »Plausibilitätsprüfung« nach § 106a SGB V als »Wirtschaftlichkeitsprüfung ärztlicher Leistungen« i. V. m. der »Richtlinie zum Inhalt und zur Durchführung der Abrechnungsprüfungen der Kassenärztlichen Vereinigungen und Krankenkassen« und hier den »Angaben für den zur Leistungserbringung erforderlichen Zeitaufwand des Vertragsarztes gemäß § 87 Abs. 2 S. 1 SGB V i. V. m. § 106d Abs. 2 SGB V«, Punkt VI, Anhänge 3.

391 Schneider (1998), S. 9.

392 Variabel im EBM nur durch wechselnde Punktwerte, in der GOÄ nur durch die aufwandsabhängige Steigerung der Leistungsziffern.

Kostenträgern besteht auf Seiten der Nachfrager ferner auch keine echte **Preissensibilität** und somit für den Arzt kaum eine Möglichkeit, die unterschiedliche Zahlungsfähigkeit und -bereitschaft der Kunden preis- oder distributionspolitisch zu nutzen.
Umgekehrt hat der Arzt – wenigstens im vertragsärztlichen Bereich und trotz § 72 Abs. 2 SGB V – keinen echten, einklagbaren Anspruch auf eine **angemessene individuelle** Vergütung durch die GKV: »Unangemessen wird ein Honorar erst dann, wenn mit dem festgesetzten Honorar eine Arztgruppe nicht mehr kostendeckend arbeiten kann und die berufliche Existenz und damit der Sicherstellungsauftrag gefährdet werden.«[393]
Gesetzgeber und Rechtsprechung sehen die in § 72 Abs. 2 SGB V normierte Garantie einer angemessenen Vergütung also lediglich als eine allgemeine kollektive Absicherung eines Sozialversicherungssystems und nicht der daran partizipierenden Individuen.[394]
Einen denkbaren Weg zum Ausgleich der subjektiven wirtschaftlichen Interessen des freiberuflichen Arztes und der an einer objektiven und effizienten wie effektiven Gesundheitsversorgung interessierten Allgemeinheit formulierte beispielsweise Preis 2010 mit nachvollziehbaren, individualisierten Mechanismen der Honorarbildung und Sicherung von Investivmitteln, Wettbewerb, Systemkontrolle und (Preis-) Transparenz.[395]

Dynamische Preisbildungsverfahren (Preiselastizität, Revenue Management)[396] und Preis-Mengen-Steuerung sind im Gesundheitssystem mit seinen gesetzlich fixierten Preisen also ebenfalls nicht möglich und üblich sowie auf Grund ihrer Ertragsmaximierung geradezu moralisch verpönt (obgleich sie gerade dort eine sinnvolle Steuerungswirkung entfalten könnten).[397] Die Preis-Absatz-Funktion hin zu einem marktgerechten Gleichgewichtspreis ist durch eine solche Standardisierung im Ergebnis außer Kraft gesetzt.
Eine variable **Preispolitik und -bildung** wird auch erschwert durch die beschriebene Informationsasymmetrie in dieser Marktbeziehung (vgl. 4.1), die es dem Konsumenten Patient objektiv nicht erlaubt, das Fachwissen des Arztes (ausreichend) zu beurteilen und ihm dadurch nur die subjektive Ergebnisbeurteilung des eigenen Gesundheitszustandes als Maßstab für eine faire Honorierung und damit Preisbildung belässt.[398]
Eine freie und ausgeglichene Preisbildung wird ebenfalls behindert durch den abstrakten **Kontrahierungszwang** des Arztes, der im GKV-System – seine fachliche Zuständigkeit vorausgesetzt – nach pflichtgemäßem Ermessen grundsätzlich zur Behandlung des danach verlangenden Mitglieds und auch außerhalb dieses Kollektivrahmens nach

[393] Preis (2010), S. 143.

[394] BSG, Urteil vom 9.12.2004, Az. B 6 KA 44/03 R.

[395] Preis (2010), S. 16–19.

[396] Zatta (2017), S. 18.

[397] Vgl. hier z. B. das (vergleichsweise starre) Belegungsmanagement von Krankenhäusern oder das wenig variable Terminmanagement von Arztpraxen im Vergleich zu der Steuerungswirkung flexibler Ticketpreise von Fluggesellschaften hinsichtlich der Auslastung ihrer Flugzeuge.

[398] Vgl. Schneider (1998), S. 8.

§ 323c BGB in allen zumutbaren individuellen Fällen zur medizinischen Notfallbehandlung generell verpflichtet ist. Fallbezogene Preisverhandlungen sind hier nicht vorgesehen.

Lediglich im **privatärztlichen Bereich** und bei eindeutig elektiven Krankheitssituationen ist es vorstellbar, dass sich ein Arzt dieser Verantwortung rechtlich zulässig entziehen kann. Aber selbst hier wird oft eine allgemeine »Berufspflicht« unterstellt.[399] »Auch der Privatarzt bedarf solcher sachlichen Gründe, wenn er von Rechts wegen erlaubtermaßen einen um Hilfe bittenden Kranken abweisen will. (...) Deshalb bindet die Berufsregel, die dem Arzt allgemein die Annahme Hilfsbedürftiger gebietet, ihn nicht nur, wie von alters her, sittlich, sondern auch rechtlich: Wesentliche berufsethische Maßgaben konstituieren zugleich Rechtspflichten des Arztes.«[400]

Um den hinsichtlich seines persönlichen Einkommens risikoaversen Arzt bei freier eigener Entscheidung zum Abschluss eines Behandlungsvertrages mit dem Patienten zu bewegen, bedarf es in einem festen Tarifsystem geeigneter **Anreize und Entlohnungssysteme**. Diese bestehen konkret nur vereinzelt, z. B. in Form einer risikoneutralen, da erfolgsunabhängigen Versorgungsgrundpauschale[401] im vertragsärztlichen Versorgungsbereich und allgemein in der hier thematisierten standesrechtlichen »Motivation«, z. B. in Form einer normativen Behandlungs- und Sorgfaltsverpflichtung nach § 76 Abs. 1 und 4 SGB V sowie im Rahmen des kollektiven kassenärztlichen Sicherstellungsauftrags nach §§ 72, 72a und 75 SGB V.

5.5.4 Distributionspolitik

Die Distributionspolitik einer erwerbswirtschaftlichen ärztlichen Tätigkeit leitet sich zunächst aus dem **Gebot der persönlichen Leistungserbringung**[402] ab, aus dem auch die zur Verfügung stehenden **Distributionswege** resultieren. Deren berufsrechtliche Reglementierung wurde bereits ausführlich diskutiert (vgl. 5.4.1).
Ferner bestimmt sie sich – anders als im Vertragsverhältnis zwischen Privatpersonen – nicht nach dem allgemeinen Verbraucherrecht (und hier v. a. dem Recht der AGB nach §§ 305–310 BGB), sondern v. a. nach dem **Patientenrechtegesetz** (Behandlungsvertrag) gemäß §§ 630a bis 630h BGB.
Im System der **vertragsärztlichen Versorgung** orientiert sich die Distributionspolitik ferner an deren spezifischen gesetzlichen Vorgaben, v. a. im SGB V sowie in den korrespondierenden Vereinbarungen der Sozialpartner, wie z. B. dem funktionalen Versor-

[399] Laufs (2010), S. 165.

[400] Laufs (2010), S. 166.

[401] Mit dem Anreiz eines höheren wirtschaftlichen Erlöses bei der Möglichkeit zur Aufwandssteuerung.

[402] Zur Übersicht: Bundesärztekammer (2008).

gungsauftrag[403] (mit konsekutiver Einschränkung der »Sortiments«standardisierung), dem regionalen Versorgungsbezirk (mit konsekutiver Einschränkung der Marktbearbeitungsstrategie) oder hinsichtlich der Kooperationsmöglichkeiten (mit konsekutiver Einschränkung der Kooperationsrente). Hier ist auch das GKV-spezifische Über- oder Einweisungserfordernis einzuordnen, das im vertragsärztlichen ambulanten Bereich die »Mit- und Weiterbehandlung«, die »konsiliarische Beratung« und die definierte Ausführung von »Zielaufträgen« beinhaltet und im Hinblick auf eine stationäre Behandlung z. B. auch die Benennung des nächsterreichbaren »geeigneten« Krankenhauses fordert.
Berufsrechtlich relevant ist ferner das Erfordernis der **»freien« Praxis**[404], also z. B. das Verbot einer Miteinbeziehung von Kapitalgesellschaften in ärztliche Kooperationen, was deren Optionen zur Investitions- und Refinanzierungsfähigkeit deutlich einschränkt und i. d. R. erhebliche Kapitalbindung(-skosten) und eine Liquiditätsminderung bewirkt.

Die **Wertschöpfungskette Patient** muss in diesem Konzept zwangsläufig von Anbieterseite immer wieder fragmentiert werden: Die bereits erläuterte Beschränkung der Niederlassungsfreiheit auf ein einzelnes Segment ärztlicher Qualifikationen verhindert die umfassende wirtschaftliche Wertschöpfung in / aus einer Hand durch eine verantwortliche Instanz (wie im Übrigen auch ein effizient geführtes Total Quality Management). Die Gesundheitspolitik hat dies stellenweise erkannt und versucht, mit kooperativen Modellen (z. B. dem »hausarztzentrierten«) gegenzusteuern. Umfassend verboten bleibt jedoch die marktwirtschaftlich durchaus akzeptierte **Zuweisung gegen Entgelt.**[405] Ein wirtschaftlich lukrativer und von den Patienten (also nachfragerseitig) als guter Service empfundener »Kreuzverkauf« (**Cross-Selling**)[406] wird dadurch ebenfalls gesetzlich unterbunden. Lediglich das Konstrukt des **Costumer Life Time Value**[407] – interpretiert als chronologische Wertschöpfung eines Kunden entlang der Zeitachse durch einen Leistungsanbieter – findet in einer gewachsenen und vertrauensvollen Arzt-Patienten-Beziehung seine rechtliche Akzeptanz und seinen wirtschaftlichen Erfolg.

5.5.5 Kommunikationspolitik

Beim Marketing ärztlicher Leistungsangebote sind berufsrechtlich zugelassene Kommunikationswege von großer Bedeutung. Sie sind ebenfalls bis ins Detail und damit

---

403 Z. B. hausärztlich – fachärztlich – Schwerpunktversorgung.

404 Bundesärztekammer (2008 a), S. A 1019–A 1020.

405 Vgl. Graml (2012).

406 Vgl. https://de.wikipedia.org/wiki/Querverkauf, Abruf am 22.04.2017.

407 Vgl. https://de.wikipedia.org/wiki/Customer_Lifetime_Value, Abruf am 22.04.2017.

auch länderspezifisch geregelt.[408] Im Hinblick auf die **Kommunikationspolitik** als Teil dieses Marketing-Mixes spielen – wie bereits erwähnt – ärztliche **Werbeverbote**[409] und das **Verbot der Zuweisung gegen Entgelt** nach § 31 Abs. 1 MBO-Ä[410] eine wichtige Rolle. Neben dem allgemeinen UWG[411] und dem spezifischeren HWG enthält auch die MBO-Ä entsprechende Beschränkungen.
Bedeutsam ist auch die weitgehende **Untersagung der telemedizinischen Behandlung**. Die hierauf gerichteten Vorschriften unterbinden ein ärztliches Online-Marketing, etwa in sozialen Medien.
Selbst die Bezeichnung rechtlich grundsätzlich zugelassener »**Ärztegesellschaften**« ist nach § 23a Abs. 2 MBO-Ä genau reglementiert, indem diese nämlich »nur die Namen der in der Gesellschaft tätigen ärztlichen Gesellschafter enthalten« dürfen.
Auf das **Forderungsmanagement** wurde unter 5.4.2 bereits als wichtigen Teil des Finanzmanagements hingewiesen; es stellt in seiner praktischen Durchführung und der darin gezeigten Wertschätzung gegenüber dem Kunden aber auch einen nicht zu unterschätzenden Aspekt des Kommunikation-Marketings dar.[412]

Ärztliche **Werbeverbote** sollen einen Ausgleich zwischen der grundgesetzlich garantierten Berufsausübungsfreiheit nach Art. 12 GG (und damit der erwerbswirtschaftlichen Betätigung des Arztes) und anerkannten Gemeinwohlbelangen (hier: des Patienten- und Datenschutzes) schaffen.[413] Grundsätzlich wird dabei zwischen erlaubter Information und berufswidriger Werbung unterschieden (s. 4.3.3). Die zielgerichtete Verhaltenssteuerung ist untersagt, die ungerichtete ärztliche Öffentlichkeitsarbeit (Corporate Identity) hingegen zulässig.
Im Hinblick auf die Arztwerbung sind besonders das UWG, HWG, EGG, TMG sowie die MBO-Ä und die BO der Bundesländer relevant.[414]
Das ärztliche Werberecht hat in den letzten etwa 15 Jahren einen erheblichen Wandel erfahren.[415] Wesentlich war hier vor allem eine Entscheidung des BVerfG von 2001: »Werberechtliche Vorschriften in der ärztlichen Berufsordnung hat das Bundesverfassungsgericht daher mit der Maßgabe als verfassungsgemäß angesehen, dass nicht jede, sondern lediglich die berufswidrige Werbung verboten ist. (…) Für interessengerechte

[408] Vgl. die Vorgaben zur Gestaltung von Praxisschildern nach § 17 Abs. 4 MBO-Ä; ferner Bundesärztekammer (2008a), S. A 1020, Beer (2016), S. 121-122 sowie zum Führen mehrerer Facharztbezeichnungen nebeneinander, z. B. BVerfG, Beschluss vom 29.10.2002, Az. 1 BvR 525/99.

[409] Halbe (2017), S. B 374-375, vgl. auch Bahner (2012), Bahner (2017), MHBA-Text 57, S. 7–8.

[410] Vgl. Graml (2012), Halbe (2017), S. B 375.

[411] Vgl. auch Frehse (2006), S. 55.

[412] Godek (2009), S. A 940.

[413] Bundesärztekammer (2004), S. A-293, zum Werberecht der Angehörigen freier Berufe allgemein vgl. auch BVerfG, Beschluss vom 18.02.2002, Az. BvR 1644/01, Rn. 25.

[414] IFB (2012 a), S. 2–3.

[415] Vgl. u. a. https://www.wettbewerbszentrale.de/de/branchen/gesundheit/ueberblick/#%C3%84rzte,%20 Zahn%C3%A4rzte, Abruf am 09.07.2017.

und sachangemessene Informationen, die keinen Irrtum erregen, muss im rechtlichen und geschäftlichen Verkehr Raum bleiben.«[416] Dies mündete 2003 in einer Novellierung des § 27 der MBO-Ä, der »die Gewährleistung des Patientenschutzes« betont und die »Kommerzialisierung des Arztberufs« ablehnt. Diese Regelung nimmt in § 27 Abs. 3 S. 4 MBO-Ä auch ausdrücklich Bezug auf nicht-berufsrechtliche Werbebeschränkungen, z. B. durch das UWG und das HWG. Insbesondere Letzteres unterscheidet zusätzlich zwischen der Werbung für die Person Arzt an sich und der Werbung für ein von ihm angewandtes Heilverfahren.[417]

Ärztliche Werbung ist schließlich faktisch auch durch das berufsrechtlich verankerte **Kollegialitätsgebot** nach § 29 Abs. 2 MBO-Ä eingeschränkt. Hierdurch wird z. B. eine Abhebungsmarketingstrategie ebenso wie ein öffentliches, kunden- und wettbewerberorientiertes Benchmarking unterbunden bzw. indirekt auf die sozialen Medien und Bewertungsportale und deren Patienteneinschätzungen verlagert. Ferner wird hier über das UWG und seinen allgemeinen § 4 Nr. 1 hinaus[418] eine zusätzliche **berufsgruppenspezifische** rechtliche Norm geschaffen, die explizit wettbewerbsregulatorisch intendiert ist.

---

416 BVerfG, 23.07.2001, Az. BvR 873/00, Rn. 17.

417 Bundesärztekammer (2004), S. A-294.

418 Vgl. Frehse (2006), S. 55.

6 Zusammenfassung und kritische Bewertung

Die erwerbswirtschaftliche Betätigung des Arztes spielt sich in einem **asymmetrischen**, vom freien Wettbewerb weitgehend **entkoppelten Markt** ohne das Regulativ einer dezentralen, freien Preisbildung gegenüber einem souveränen Kunden und ohne eine wirksame Kontrolle durch Marktkonkurrenten ab. Während eine ungehemmte Marktordnung dem Arzt durch sein überlegenes Fachwissen zwar den Vorteil einer individuellen Gewinnmaximierung einräumen würde, ist dieses freie Spiel der Marktkräfte andererseits doch auch Antriebsfeder für Innovation, Qualitätsverbesserung und Differenzierung.

Diese augenfällige **Dysbalance** des Marktgeschehens soll im halbverstaatlichten deutschen Gesundheitswesen normativ ausgeglichen werden, zum einen durch ein – historisch eher junges – sozialrechtliches Regelwerk, zum anderen durch eine (hier betrachtete) – eher traditionelle – enge berufs- und standesrechtliche Eingrenzung erwerbswirtschaftlichen ärztlichen Handelns. Der weitgehend »freien« und ungebundenen ärztlichen Heilkunst steht also die weitgehend gebundene erwerbswirtschaftliche Betätigung konträr gegenüber.

Die berufsrechtliche Eingrenzung erwerbswirtschaftlichen ärztlichen Handelns fußt legaltheoretisch auf dem gesetzlich auszugleichenden wirtschaftlichen oder marktlichen Ungleichgewicht in einem patriarchalischen **Principal-Agent-Verhältnis** und damit in einem durch Informationsdefizite, Double Moral Hazard, adverse Selektion und Risikoaversion gekennzeichneten und beeinträchtigten Marktgeschehen. Die Hegemonie der Marktwirtschaft soll sozialpolitisch aufgeweicht werden. Aus moralisch-ethischer Sicht soll diese berufsrechtliche Eingrenzung umgekehrt auch eine Legitimation der erlösorientierten unternehmerischen Tätigkeit des Arztes bewirken.

Die Tendenz zu staatlicher Regulierung verkennt allerdings, dass auch öffentliche Institutionen nicht automatisch vollkommener sind als freie Märkte.[419] Auch funktionale Selbstverwaltung ist lediglich ein dispositiver Produktionsfaktor. »Denn es gehört zu den allgemeinen Weisheiten der Ökonomen (die auch vor dem Ärztestand nicht Halt machen), dass Leistungen besonders zuverlässig und besonders gut erbracht werden, wenn man ihre Erbringung mit dem Eigeninteresse des Erbringers verknüpft.«[420] Mit anderen Worten: Man nutzt die **intrinsische Motivation** der Leistungserbringer und unterlegt sie mit einer **extrinsischen Komponente**. Anders und analog zu Skinners Lerntheorie formuliert, zeigt die operante Konditionierung erwerbswirtschaftlich tätiger Ärzte durch positive Verstärker bessere Ergebnisse als durch negative Verstärker.[421]

419 Emons (2001), S. 668.

420 Lübbe (2006), S. 179.

421 Vgl. http://www.lern-psychologie.de/behavior/skinner.htm, Abruf am 01.07.2017.

Unabhängig davon gibt es keine belastbaren Daten zu den relevanten **Opportunitätskosten** bzw. **-erlösen** einer solchen, im deutschen Gesundheitssystem genutzten funktionalen Selbstverwaltung: Ist es wirklich als wirtschaftlich effizienter zu erachten, wenn sich lange und in ihrem Fachgebiet spezialisiert qualifizierte Ärzte in dem fachfremden Bereich der öffentlichen Verwaltung lernend versuchen? Ist es wirklich effektiver, definierten Interessensgruppen die Organisation des Gemeinwohls zu überantworten? Es ist durchaus strittig, ob das in Deutschland historisch gewachsene und anerkannte Prinzip der Verkammerung – auch vor dem Hintergrund der Europäisierung und Internationalisierung[422] nationaler Normen – zukunftsfähig ist. In seinem Kern widerspricht es jedenfalls dem Gedanken eines wertschätzenden und -schöpfenden Diversity Managements. Dennoch gibt es in Deutschland weiterhin Bestrebungen, dieses System auszubauen.[423]

Aktuelle Entwicklungen wie die steigende Erwartungshaltung sowohl der Nachfrager als auch der Kostenträger begünstigen den auf die ärztliche Tätigkeit ausgeübten **Effektivitätsdruck**, der vor allem auf eine verbesserte Qualität ihrer Leistungen (bei gleichem finanziellen Aufwand) zielt; angesichts des demographischen Wandels mit zunehmender Überalterung der Gesellschaft, fortschreitender Multimorbidität und Chronifizierung der Erkrankungen sowie einem teuren medizintechnischen Fortschritt wird zukünftig auf dieser Berufsgruppe zusätzlich ein erhöhter **Effizienzdruck** lasten, der angesichts der bestehenden Ressourcenknappheit eine verbesserte Wirtschaftlichkeit ihrer Gesundheitsversorgung und zunehmende Allokationsentscheidungen erfordert. Rationierungs- und Rationalisierungsbemühungen werden gesundheitspoltisch auf die ärztliche Berufsgruppe verlagert, ohne dass ihnen dazu berufs-, kammer- und standes- (übrigens auch: haftungs-) rechtlich korrespondierende Spielräume eingeräumt werden. Dass individuelle ärztliche **Produktivität** – wie übrigens in allen Dienstleistungsberufen – nicht beliebig steigerbar ist, erreicht inzwischen breiten Konsens. »Der direkte Kontakt zwischen Arzt und Patient lässt sich ebenso wenig wie das Spielen einer Symphonie rationalisieren.«[424] Die wirtschaftlich intendierten (und qualitätsbegründeten) Hebel werden daher vor allem an den ärztlich veranlassten Leistungen angesetzt. Diese Strategie verkennt aber, dass auch solche Folgeleistungen und -kosten originärer Teil der ärztlichen Behandlung und somit der Arzt-Patient-Beziehung sind.

Berufs- und (als sein besonderer Ausdruck) **Kammer-** bzw. **Standesrecht** versuchen in diesem Setting die Quadratur des Kreises: Der Arzt soll vom *Homo oeconomicus* zum

---

[422] Vgl. z. B. die Diskussion um die *Transatlantic Trade and Investment Partnership (TTIP)*.

[423] Vgl. die Planungen zur bundesweiten Errichtung von Pflegekammern, https://de.wikipedia.org/wiki/Pflegekammer, Abruf am 19.09.2017.

[424] Lichey (2017), S. B-981, in der Folge aber euphemistisch verkennend, dass der Dienstleistungssektor zwar Werte produziert, die sich in einem konsekutiven Produktivitätsanstieg des produzierenden Gewerbes niederschlagen, von diesem aber auch (etwas weniger als hälftig) mit finanziert werden (müssen).

Homo autotrophicus[425] gestaltgewandelt und wirtschaftlich eingehegt werden. Ärzten wird hier ein besonders hoher Solidarisierungsgrad zugeschrieben.[426] Während Adam Smith noch davon ausging, dass der Mensch von einem »natürlichen Erwerbstrieb« beseelt sei und diese individuelle private Nutzenmaximierung im Ergebnis und wie durch eine »unsichtbare Hand« geeignet sei, den Erfolg und die Harmonie der übergeordneten Gesamtgesellschaft zu garantieren[427], sieht der heutige Normgeber – zweifelsohne geläutert von den wenig sozialen Konsequenzen des Manchester-Kapitalismus – den Arzt gerne als **Non-Profit-Organisation** auf zwei Beinen, dem auf dem Boden seiner privilegierten Freiberuflichkeit und seines besonderen Berufsethos die Qualität der eigenen Arbeit und das Wohl seiner Kunden vor seinem eigenen wirtschaftlichen Erfolg gehe – obgleich er weiterhin vollständig für die wirtschaftlichen Risiken seiner beruflichen Tätigkeit einzustehen hat.[428]
Manchmal wirkt es fast so, als solle gestalterischer marktwirtschaftlicher Wettbewerb im ärztlichen Berufsrecht durch philanthropische Nächstenliebe ersetzt werden. Gleichzeitig fällt aber auch auf, dass den berufsethischen (Reputations-) Aspekten ärztlichen Tuns immer weniger Relevanz zugemessen wird, was nicht zuletzt in der wiederkehrenden Verletzung dieser traditionellen moralischen Prinzipien durch die Ärzteschaft selbst begründet liegt. Dieses **Yin und Yang** ärztlicher Tätigkeit (als widersprüchliches Spannungsverhältnis entgegengesetzter und dennoch aufeinander bezogener Kräfte) findet sich nicht nur in Deutschland, sondern auch im internationalen Kontext.[429]

Funktionale Selbstverwaltung setzt demgegenüber auf **Schwarmintelligenz**, also darauf, dass eine Gruppe von Peers ein system(at)isches, hier wirtschaftsorganisatorisches Problem besser lösen könne, als das die Selbstorganisationskraft seiner Einzelmitglieder vermag. Zwischen Normgeber und exekutiver Endstrecke wird damit aber auch eine weitere direktive Kontroll-Ebene eingezogen, die zwar näher am Geschehen und damit praxistauglicher sein sollte, aber auch zusätzliche, möglicherweise fehlergenerierende Schnittstellen schafft.
Unklar bleibt in diesem Zusammenhang, wie die beabsichtigte neue **EU-Dienstleistungsrichtlinie** solche Berufsregulierungen auffassen und ob sie diese als gemeinschaftsrechtswidrige Wettbewerbsbeschränkung des einheitlichen Binnenmarktes ein-

---

425 Unter Autotrophie (aus dem Altgriechischen »Selbsternährung«) wird in der Biologie die Fähigkeit von Lebewesen verstanden, ihre lebensnotwendigen Bau- und organischen Reservestoffe ausschließlich aus anorganischen Grundstoffen aufzubauen (z. B. bei Photosynthese-befähigten Pflanzen und Mikroorganismen). Im Gegensatz dazu ist Heterotrophie eine Ernährungsform, bei der vorhandene organische Verbindungen zur Bildung der eigenen Baustoffe verwendet werden (z. B. bei Tieren, Pilzen und vielen Bakterien). Vgl. https://de.wikipedia.org/wiki/Autotrophie, Abruf am 19.09.2017.

426 Vgl. Deppe (2002).

427 Vgl. Smith (1776), Gaynor (1998), S. 19, Harich (2016), S. 352.

428 Zur »Homo-oeconomicus-Kritik als Eigennutzkritik« vgl. Pfriem (2013), S. 198–200.

429 Vgl. Rogler (2009).

ordnen wird.[430] Eine Subsidiaritätsrüge von Bundestag und Bundesrat ist hierzu bereits erfolgt.[431]

Eine zentrale Aufgabe aller Reformbemühungen sollte sein, »das individuelle Handeln der Akteure im Gesundheitswesen wieder in Einklang mit ihrer finanziellen Verantwortung zu bringen«.[432] Der vorliegend geschilderte und kritisch bewertete, berufsrechtlich gestützte und auf kollektive Organisationsstrukturen konzentrierte Ansatz geht irrigerweise von der Annahme aus, dass Normen, Regeln und Statuten extrinsische (monetäre und nicht-monetäre) Anreizsysteme und intrinsische Motivation ersetzen könnten.[433] Staatlicher Vertrauensentzug (z. B. durch Überregulierung) wird aber mit individuellem Vertrauensverlust (durch weitestmögliche Umgehung der Regeln) beantwortet (werden).

430 Vgl. rike (2017), S. 17.

431 Vgl. rike (2017), S. 17.

432 Schneider (1998), S. 3.

433 Vgl. MHBA-Text 56, S. 30–31.

LITERATURVERZEICHNIS

Akerlof, George, A. (1970)
The Market for Lemons: Quality Uncertainty and the Market Mechanism.
Quarterly Journal of Economics, 84, 3, S. 488–500.

Albers, Torsten. (2002)
Arzt im Fitness-Studio.
Deutsche Zeitschrift für Sportmedizin, 53, 5, S. 141–147.

d'Avoine, Marc. (2016)
Arzt und Praxis in Krise und Insolvenz, 2. Auflage.
Köln, RWS Verlag.

Bahner, Beate. (2012)
Vom Werbeverbot zum Werberecht der Ärzte und Zahnärzte.
Der lange Weg von der Normsetzung zur Umsetzung.
GesundheitsRecht, 11, 1, S. 1–8.

Bahner, Beate. (2017)
Das neue Werberecht für Ärzte.
Auch Ärzte dürfen werben, 3. Auflage.
Berlin / Heidelberg, Springer Verlag.

Bäune, Stefan. (2009)
Neueres zum Grundsatz der persönlichen Leistungserbringung.
Vortrag vor den Arbeitsgruppen »Berufsrecht« und »Vertragsgestaltung« der »Arbeitsgemeinschaft Medizinrecht« im Deutschen Anwaltverein DAV am 06.11.2009 in Düsseldorf.

Bauer, Axel, W. (2004)
Der Patient als Kunde, die Medizin als Ware und der Arzt als Unternehmer – Lösungsweg aus ökonomischen Zwängen oder ethische Horrorvision?
Journal für Anästhesie und Intensivbehandlung, 1, S. 1–4.

Becker, Klaus. (2017)
Was muss sich ein Chefarzt von seiner Geschäftsführung sagen lassen?
Zum Recht der Leistungsbestimmung eines Krankenhaus-Trägers gegenüber seinen leitenden Abteilungsärzten.
München, Buch&media-Verlag.

Beeger, Britta. (2017)
Glaubenskrieg um die Globuli.
Millionen Deutsche vertrauen auf Homöopathie, obwohl ihre Wirkung wissenschaftlich nicht belegt ist. Nun flammt eine alte Debatte neu auf: Wer soll dafür zahlen?
In: Frankfurter Allgemeine Zeitung, 11.03.2017, 60, S. 22.

Beer, André-Michael. (2016)
»Phytotherapie« auf dem Praxisschild.
Zeitschrift für Phytotherapie, 37, 3, S. 121–122.

Bergmann, Karl Otto. (2010)
Delegation und Substitution ärztlicher Leistungen.
Eine Bestandsaufnahme aus haftungsrechtlicher Sicht.
In: Delegation und Substitution – wenn der Pfleger den Doktor ersetzt …
MedR Schriftenreihe Medizinrecht. Jorzig, Alexandra, Uphoff, Roland (Schriftleitung), Arbeitsgemeinschaft Rechtsanwälte im Medizinrecht (Hrsg.), S. 25–45.
Berlin / Heidelberg, Springer-Verlag.

Berufsordnung für die nordrheinischen Ärztinnen und Ärzte (BO-Ä NRW). (2015)
vom 14.11.1998, in der Fassung vom 21.11.2015.

Bilger, Stefan, Rüter, Gernot. (2005)
IGELN – ein fragwürdiges Geschäft.
Zeitschrift für Allgemeinmedizin, 81, S. 154–156.

Bonvie, Horst. (2010)
Delegation und Substitution: Berufsrechtliche Sicht.
In: Delegation und Substitution – wenn der Pfleger den Doktor ersetzt …
MedR Schriftenreihe Medizinrecht. Jorzig, Alexandra, Uphoff, Roland (Schriftleitung), Arbeitsgemeinschaft Rechtsanwälte im Medizinrecht (Hrsg.), S. 17–24.
Berlin / Heidelberg, Springer-Verlag.

Bornemeier, Olaf. (2002)
Benchmarking in der Gesundheitsversorgung. Möglichkeiten und Grenzen.
Berlin, Autorenverlag K. M. Scheriau.

Braun, Günther, E. (1992)
Öffentliche Bindung von Arztpraxen.
Zeitschrift für öffentliche und gemeinwirtschaftliche Unternehmen, 15, S. 89–97.

Bürgerliches Gesetzbuch (BGB). (2017)
vom 18.08.1896, in der Fassung der Bekanntmachung vom 02.02.2002 (BGBl. I S. 42, 2909; 2003 I S. 738, zuletzt geändert durch Artikel 1 des Gesetzes vom 20.07.2017 (BGBl. I S. 2787).

Bundesärztekammer. (2004)
Arzt – Werbung – Öffentlichkeit.
Hinweise und Erläuterungen zu den §§ 27 ff. der (Muster-) Berufsordnung, beschlossen von den Berufsordnungsgremien der Bundesärztekammer am 12.08.2003.
Deutsches Ärzteblatt, 101, 5, S. A 292–297.

Bundesärztekammer. (2007)
Wahrung der ärztlichen Unabhängigkeit.
Umgang mit der Ökonomisierung des Gesundheitswesens.
Hinweise und Erläuterungen.
Deutsches Ärzteblatt, 104, 22, S. A 1607–1612.

Bundesärztekammer. (2008)
Persönliche Leistungserbringung.
Möglichkeiten und Grenzen der Delegation ärztlicher Leistungen.
Gemeinsame Stellungnahme der Bundesärztekammer und der Kassenärztlichen Bundesvereinigung.
Deutsches Ärzteblatt, 105, 41, S. A 2173–2177.

Bundesärztekammer. (2008 a)
Niederlassung und berufliche Kooperation.
Neue Möglichkeiten – Hinweise und Erläuterungen zu §§ 7–19 und 23a–d (Muster-) Berufsordnung (MBO).
Deutsches Ärzteblatt, 105, 19, S. A 1019–1025.

Bundesärztekammer. (2013)
Unternehmerische Betätigungen von Ärztinnen und Ärzten und Beteiligung an Unternehmen.
Möglichkeiten und Grenzen aus berufs- und vertragsarztrechtlicher Sicht.
Deutsches Ärzteblatt, 110, 46, S. A 2226–2231.

Bundesärztekammer. (2016)
Hinweise und Erläuterungen zu Kooperationen zwischen Krankenhäusern und niedergelassenen Ärztinnen und Ärzten.
Möglichkeiten und Grenzen aus berufsrechtlicher und vertragsarztrechtlicher Sicht.
Deutsches Ärzteblatt, 17.06.2016, DOI: 10.3238/arztebl.2016.koop_kh_niederaerzte_baek_01, http://www.bundesaerztekammer.de/fileadmin/user_upload/downloads/pdf-Ordner/Recht/Kooperationen.pdf., Abruf am 09.06.2017.

Bundesärztekammer. (2017)
Arzt – Werbung – Öffentlichkeit.
Hinweise und Erläuterungen.
Deutsches Ärzteblatt, 17.03.2017, DOI: 10.3238/arztebl.2017.baek.arzt_ werbung_oeffentlichkeit01, http://www.bundesaerztekammer.de/fileadmin/user_upload/downloads/pdf-Ordner/Recht/Arzt-Werbung-Oeffentlichkeit.pdf, Abruf am 09.06.2017.

Bundesärzteordnung (BÄO). (2016)
vom 02.10.1961, in der Fassung der Bekanntmachung vom 16.04.1987 (BGBl. I S. 1218), zuletzt geändert durch Artikel 5 des Gesetzes vom 23.12.2016 (BGBl. I S. 3191).

Bundesdatenschutzgesetz (BDSG). (2017)
vom 20.12.1990, in der Fassung der Bekanntmachung vom 14.01.2003 (BGBl. I S. 66), zuletzt geändert durch Artikel 7 des Gesetzes vom 30.06.2017 (BGBl. I S. 2097).

Bundesmantelvertrag – Ärzte (BMV-Ä). (2017)
vom 01.01.2017,
http://www.kbv.de/html/bundesmantelvertrag.php, Abruf am 05.09.2017.

Carl, Gunther. (2013)
Hausbesuchspflicht von Fachärzten.
Nur »erforderliche« Besuche sind ein Muss.
Neurotransmitter, 24, 3, S. 26–27.

Christ, Florian. (2012)
Beteiligung an Privatliquidationseinnahmen.
Die Macht der Gewohnheit.
Deutsches Ärzteblatt, 109, 3, S. A 119–120.

Clausen, Tilman. (2018)
Ist eine OP durch Assistenzarzt in Anwesenheit des Chefarztes als Chefarzt-OP abrechenbar?
ChefärzteBrief, 03-2018, S. 20.

Deppe, Hans-Ulrich. (2002)
Kommerzialisierung oder Solidarität?
Zur grundlegenden Orientierung von Gesundheitspolitik.
In: Solidarische Gesundheitspolitik. Alternativen zu Privatisierung und Zwei-Klassen-Medizin, S. 10–23.
Hamburg, VSA-Verlag,

Dräger, Jürgen, L. (2007)
Cave Medizinprodukterecht.
Regeln für den Umgang mit Medizinprodukten.
Deutsches Ärzteblatt, 104, 15, S. A 1000–1002.

Eickhoff, Marion. (2007)
Berufsaufsicht der freien Berufe in geteilter Verantwortung von Kammern und Staat.
Schriften zum Kammer- und Berufsrecht, Band 7.
Baden-Baden, Nomos Verlagsgesellschaft.

Einkommensteuergesetz (EStG). (2017)
vom 16.10.1934, in der Fassung der Bekanntmachung vom 08.10.2009 (BGBl. I S. 3366, 3862), zuletzt geändert durch Artikel 9 des Gesetzes vom 14.08.2017 (BGBl. I S. 3214).

Emminger, Christoph. (2010)
Der ärztliche Beruf ist kein Gewerbe – und das muss auch so bleiben.
Münchner ärztliche Anzeigen, 13, S. 3–4.

Emons, Winand. (2001)
Information, Märkte, Zitronen und Signale.
Wirtschaftsdienst, 81, 11, S. 664–668.

Erbsen, Maike, Constanze. (2003)
Praxisnetze und das Berufsrecht der Ärzte.
Der Praxisverbund als neue Kooperationsform in der ärztlichen Berufsordnung.
Frankfurt, Peter Lang Verlag.

Fölsing, Ulla. (2017)
Euphorie und Panik. Ein Buch über Spekulationsblasen.
in: Frankfurter Allgemeine Zeitung, 26.06.2017, 145, S. 16.

Frehse, Michael, van der Ploeg, Sonja. (2006)
Gewerbliche Tätigkeit des Arztes birgt Gefahr eines Wettbewerbsverstoßes.
PFB Praxis Freiberufler-Beratung, 3, S. 55.

Gavela, Kallia. (2013)
Ärztlich assistierter Suizid und organisierte Sterbehilfe.
Veröffentlichungen des Instituts für Deutsches, Europäisches und Internationales Medizinrecht, Gesundheitsrecht und Bioethik der Universitäten Heidelberg und Mannheim.
Axer, Peter, Dannecker, Gerhard, Hillenkamp, Thomas, Kuhlen, Lothar, Riedel, Eibe, Taupitz, Jochen. (Hrsg.)
Berlin / Heidelberg, Springer Verlag.

Gaynor, Martin. (1994)
Issues in the Industrial Organization of the Market for Physician Services. National Bureau of Economic Research NBER, Working Paper No. 4695, Cambridge / USA, www.nber.org/papers/w4695, Abruf am 21.05.2018.

Gaynor, Martin, Haas-Wilson, Deborah, Vogt, William, B. (1998)
Are invisible hands good hands? Moral hazard, competition, and the second best in health care markets. National Bureau of Economic Research NBER, Working Paper No. 6865,
Cambridge / USA, www.nber.org/papers/w6865, Abruf am 21.05.2018.

Gerst, Thomas, Hibbeler, Birgit. (2011)
Berufsrecht: Wenn Ärzte ihre Pflicht verletzen.
Deutsches Ärzteblatt, 108, 10, S. A 499–504.

Gebührenordnung für Ärzte (GOÄ). (2017)
vom 12.11.1982, in der Fassung der Bekanntmachung vom 09.02.1996 (BGBl. I S. 210), zuletzt geändert durch Artikel 7 des Gesetzes vom 27.06.2017 (BGBl. I S. 1966).

Gesellensetter, Catrin. (2007)
Die Annäherung des Freien Arztberufes an das Gewerbe.
Eine verfassungs-, sozial- und berufsrechtliche Untersuchung.
Schriften zum Gesundheitsrecht, Band 8.
Berlin, Duncker & Humblot Verlag.

Gesetz gegen den unlauteren Wettbewerb (UWG). (2016)
vom 03.07.2004, in der Fassung der Bekanntmachung vom 03.03.2010 (BGBl. I S. 254), zuletzt geändert durch Artikel 4 des Gesetzes vom 17.02.2016 (BGBl. I S. 233).

Gesetz gegen Wettbewerbsbeschränkungen (GWB). (2017)
vom 26.08.1998, in der Fassung der Bekanntmachung vom 26.06.2013 (BGBl. I S. 1750, 3245), zuletzt geändert durch Artikel 6 des Gesetzes vom 27.08.2017 (BGBl. I S. 3295).

Gesetz über den Verkehr mit Betäubungsmitteln (Betäubungsmittelgesetz – BtMG). (2017)
vom 28.07.1981, in der Fassung der Bekanntmachung vom 01.03.1994 (BGBl. I S. 358), zuletzt geändert durch Artikel 1 der Verordnung vom 16.06.2017 (BGBl. I S. 1670).

Gesetz über den Verkehr mit Arzneimitteln (Arzneimittelgesetz – AMG). (2017)
vom 24.08.1976, in der Fassung der Bekanntmachung vom 12.12.2005 (BGBl. I S. 3394), zuletzt geändert durch Artikel 1 des Gesetzes vom 18.07.2017 (BGBl. I S. 2757), neugefasst durch Bekanntmachung vom 12.12.2005, I 3394, zuletzt geändert durch Art. 6 Abs. 9 G vom 13.04.2017, I 872.

Gesetz über die Werbung auf dem Gebiete des Heilwesens (Heilmittelwerbegesetz – HWG). (2016)
vom 11.07.1965, in der Fassung der Bekanntmachung vom 19.10.1994 (BGBl. I S. 3068), zuletzt geändert durch Artikel 12 des Gesetzes vom 20.12.2016 (BGBl. I S. 3048).

Gesetz über Medizinprodukte (Medizinproduktegesetz – MPG). (2017)
vom 02.08.1994, in der Fassung der Bekanntmachung vom 07.08.2002 (BGBl. I S. 3146), zuletzt geändert durch Artikel 7 des Gesetzes vom 18.07.2017 (BGBl. I S. 2757).

Gesetz über Partnerschaftsgesellschaften Angehöriger Freier Berufe (Partnerschaftsgesellschaftsgesetz – PartGG). (2015)
vom 25.07.1994 (BGBl. I S. 1744), zuletzt geändert durch Artikel 7 des Gesetzes vom 22.12.2015 (BGBl. I S. 2565).

Gesetz über rechtliche Rahmenbedingungen für den elektronischen Geschäftsverkehr (Elektronischer Geschäftsverkehr-Gesetz – EGG). (2001)
vom 14.12.2001, in der Fassung der Bekanntmachung vom 20.12.2001 (BGBl. I S. 3721).

Gesetz zur Weiterentwicklung der Organisationsstrukturen in der gesetzlichen Krankenversicherung (GKV-OrgWG). (2008)
vom 15.12.2008 (BGBl. I S. 2426).

Gesetz zur wirtschaftlichen Sicherung der Krankenhäuser und zur Regelung der Krankenhauspflegesätze (Krankenhausfinanzierungsgesetz – KHG). (2017)
vom 29.06.1972, in der Fassung der Bekanntmachung vom 10.04.1991 (BGBl. I S. 886), zuletzt geändert durch Artikel 6 des Gesetzes vom 17.07.2017 (BGBl. I S. 2581).

Gewerbeordnung (GewO). (2017)
vom 21.06.1869, in der Fassung der Bekanntmachung vom 22.02.1999 (BGBl. I S. 202), zuletzt geändert durch Artikel 1 des Gesetzes vom 20.07.2017 (BGBl. I S. 2789).

Godek, Manfred. (2009)
Privatabrechnung. Inkasso ist auch Marketing.
Deutsches Ärzteblatt, 106, 19, S. A 940.

Graml, Georg. (2012)
Das ärztliche Verbot der Zuweisung gegen Entgelt.
In: Medizin – Recht – Wirtschaft, Band 10.
Taupitz, Jochen, Raspe, Heiner, Oehlrich, Markus (Hrsg.),
Münster, LIT Verlag.

Griesbach, Juliane. (2015)
Abgrenzung Gewerbe und Freier Beruf.
https://www.ihk-berlin.de, Dokument 50 458, Abruf am 22.05.2018.

Großkopf, Volker, Schanz, Michael. (2016)
Bestechung und Bestechlichkeit im Gesundheitswesen – im Spannungsverhältnis zwischen Korruption und Kooperation.
Rechtsdepesche für das Gesundheitswesen, 13, 5, S. 220–228.

Grundgesetz für die Bundesrepublik Deutschland (GG). (2017)
vom 23.05.1949, in der im BGBl. III, Gliederungsnummer 100-1, veröffentlichten bereinigten Fassung, zuletzt geändert durch Artikel 1 des Gesetzes vom 13.07.2017 (BGBl. I S. 2347).

Halbe, Bernd. (2017)
Ärztliches Werberecht: Was Ärzte wissen sollten.
Deutsches Ärzteblatt, 114, 9, S. B 374–375.

Halbe, Bernd. (2017 a)
Delegation – Chancen und Grenzen.
Deutsches Ärzteblatt, 114, 15, S. B 640–641.

Halstrick, Claudia. (2006)
Juristische Grenzen der ärztlichen Berufsausübungsfreiheit.
Zentralblatt für Gynäkologie, 128, 2, S. 53–55.

Handelskammer Hamburg. (2013)
Abgrenzungskriterien Gewerbebetrieb – freie Berufe.
https://www.hk24.de/produktmarken/beratung-service/recht_und_steuern/steuerrecht/real_kommunale_steuern/abgrenzung-gewerbebetrieb-freie-berufe/1157144, Abruf am 23.05.2018.

Harich, Wolfgang. (2016)
Frühe Schriften. Teilband 1: Neuaufbau im zerstörten Berlin.
Marburg, Tectum Verlag.

Hart, Dieter. (1998)
Ärztliche Leitlinien – Definitionen, Funktionen, rechtliche Bewertungen.
Medizinrecht, 1, S. 8–16.

Henke, Klaus-Dirk. (2006)
Zehn Thesen zur Arzt-Patienten-Beziehung aus gesundheitswirtschaftlicher Sicht.
In: Arzt und Patient. Eine Beziehung im Wandel, S. 115–124.
Schumpelick, Volker, Vogel, Bernhard, Konrad Adenauer-Stiftung (Hrsg.), Freiburg im Breisgau, Herder Verlag.

hmk./rike. (2017)
Empörung über EU-Dienstleistungspaket.
Brüssel will den Binnenmarkt für Dienstleistungen vorantreiben – und treibt Berlin auf die Barrikaden.
In: Frankfurter Allgemeine Zeitung, 11.03.2017, 60, S. 22.

Hösel, Ulrike. (2010)
Die Marktordnungen Freier Berufe: Eine normative und positive volkswirtschaftliche Analyse am Beispiel der Ärzte, Rechtsanwälte und Architekten, Baden-Baden, Nomos Verlagsgesellschaft.

Huber, Ellis. (2002)
Anmerkungen zur Arzt-Patienten-Beziehung aus Sicht eines modernen Gesundheitsmanagements.
Vierteljahreshefte zur Wirtschaftsforschung, 71, 4, S. 462–467.

IFB – Institut für Freie Berufe. (2012)
Die wichtigsten Rechtsformen für Freie Berufe im Überblick.
Gründungsinformationen Nr. 5, Nürnberg.
http://ifb.uni-erlangen.de/gruendungsberatung/ downloads-gruendungsinformationen, Abruf am 25.06.2017

IFB – Institut für Freie Berufe. (2012 a)
Werbung: Ärzte.
Gründungsinformationen Nr. 21, Nürnberg.
http://ifb.uni-erlangen.de/gruendungsberatung/ downloads-gruendungsinformationen, Abruf am 25.06.2017.

Jaklin, Martina. (2016)
Anmerkung zu OLG Zweibrücken, Beschl. v. 21.01.2016 – 3 W 128/15 (AG Mainz).
Medizinrecht MedR, 34, S. 801.

Kästel, Maren. (2013)
Grenzen des ärztlichen Berufs- und Standesrechts für den Einsatz des Franchising in der Praxis des niedergelassenen Arztes.
Schriften zum Kammer- und Berufsrecht, Band 13.
Baden-Baden, Nomos Verlagsgesellschaft.

Kern, Axel Olaf. (2002)
Arztinduzierte Nachfrage in der ambulanten Versorgung.
Bedeutung für eine Privatisierung von Leistungen der gesetzlichen Krankenversicherung. Volkswirtschaftliche Diskussionsreihe, Beitrag Nr. 225.
https://www.researchgate.net/publication/4983531_ Arztinduzierte_ Nachfrage_in_der_ambulanten_Versorgung_-_Bedeutung_fuer_ eine_ Privatisie-

rung_von_Leistungen_der_Gesetzlichen_Krankenversicherung, Abruf am 21.05.2018.

Kern, Bernd-Rüdiger. (2010)
Das Zustandekommen des Arztvertrages.
In: Laufs, Adolf, Kern, Bernd-Rüdiger (Hrsg.)
Handbuch des Arztrechts, 4. Auflage, S. 623–646,
München, C. H. Beck Verlag.

Keucher, Johannes. (1931)
Geschichtliche Entwicklung und gegenwärtiger Stand des Kammer-Systems. (Industrie- u. Handelskammern, Landwirtschafts- u. Handwerkskammern.)
Buchdruckerei von Leopold Kell, Weißenfels a. S.
als Facsimile: Universitätsverlag Halle-Wittenberg (2013).

Kiene, Helmut, Heimpel, Hermann. (2010)
Was ist seriöses Therapieren? Medizinpluralismus und die Verpflichtung zu Wissenschaftlichkeit erscheinen nur auf den ersten Blick als Widerspruch.
Deutsches Ärzteblatt, 107, 12, S. A 548–550.

Kleinken, Bernhard. (2013)
»Fachfremd« auch bei Privatabrechnung?
Abrechnung akuell (Ärzte), 3, S. 3.

Kluska, Denise. (2012)
Versorgung aus der Ferne: Die Arzt-Patient-Beziehung unter den Bedingungen der Telemedizin.
Forschung Aktuell, 10, S. 1–17.

Kluth, Winfried. (2004)
Verfassungs- und europarechtliche Fragen einer gesetzlichen Beschränkung der Abgabe von Hilfsmitteln durch Ärzte.
In: Beiträge zur Sozialpolitik und zum Sozialrecht, Band 32,
Berlin, Erich Schmidt Verlag.

Krankenhausgestaltungsgesetz des Landes Nordrhein-Westfalen (KHGG NRW). (2016)
vom 11.12.2007 (GV. NRW. S. 702, 2008 S. 157), zuletzt geändert durch Artikel 2 des Gesetzes vom 06.12.2016 (GV. NRW. S. 1062).

Kremer, Ralf, Wittmann, Christian. (2012)
Vertragsärztliche Zulassungsverfahren.
Zulassungsgremien als Einrichtungen der gemeinsamen Selbstverwaltung, Verfahren, einzelne Zulassungssachen.
Heidelberg, C. F. Müller Verlag.

Laufs, Adolf. (2010)
Ärztliches Berufs- und Standesrecht.
In: Laufs, Adolf, Kern, Bernd-Rüdiger (Hrsg.), Handbuch des Arztrechts, 4. Auflage, S. 115–217.
München, C. H. Beck Verlag.

Leidner, Ottmar. (2009)
Was sich nicht rechnet, findet nicht statt.
Deutsches Ärzteblatt, 106, 28–29, S. A 1456–1460.

Lichey, Jürgen, Schilling, Wolfgang, Jonitz, Günther. (2017)
Ökonomie und Ethos im Gesundheitswesen. Die Mär der Kostenexplosion.
Deutsches Ärzteblatt, 114, 24, S. B 981-984.

Lilja, Astrid. (2016)
Das Verhalten als Ehrbarer Kaufmann im Spannungsverhältnis zwischen Wertorientierung und Gewinnstreben auf der obersten Führungsebene der Wirtschaft,
Berlin, epubli.

Lipp, Volker, Simon, Alfred. (2011)
Beihilfe zum Suizid. Keine ärztliche Aufgabe.
Deutsches Ärzteblatt, 108, 5, S. A 212–216.

Lübbe, Weyma. (2006)
Patientenorientierung und Kostenorientierung.
Über (Un-) Vereinbarkeiten von Kostenbewusstsein und ärztlichem Ethos.
Jahrbuch für christliche Sozialwissenschaften, 47, S. 177–192.

Lübbersmann, Sascha. (2018)
Wahlarzt begleitet OP nur als Anästhesist – Kernleistung ist nicht persönlich erbracht.
ChefärzteBrief, 03-2018, S. 3–4.

Maier, Günter, Schewe, Gerhard, Krumme, Jan-Henrik, Nissen, Regina. (2013)
Delegation.
Definition.
https://wirtschaftslexikon.gabler.de/definition/delegation-29094/version-166132, Abruf am 23.05.2018.

Maus, Josef. (2002)
Kassenärztliche Vereinigungen. Vor der Systemfrage.
Kartell-Vorwürfe: Müssen die KVen als Sündenböcke für den fehlgeschlagenen Wettbewerb der Krankenkassen herhalten ?
Deutsches Ärzteblatt, 99, 20, S. A 1337.

MHBA – Master of Health Business Administration. (2015–17)
Berufsbegleitender Fernstudiengang am Lehrstuhl für Gesundheitsmanagement der Friedrich-Alexander-Universität Erlangen-Nürnberg,
Lehrtexte der Module 1–7, Nr. 00-70,
https://www.mhba.de/mhba/mein-studium/lehre/, Abruf am 04.09.2017.

Mihm, Andreas. (2017)
Ärzte hadern mit Versorgungszentren.
In: Frankfurter Allgemeine Zeitung, 09.01.2017, 34, S. 16.

Montgomery, Frank-Ulrich, Hübner, Marlis, Dörfer, Bert-Sebastian, Kreitz, Svenja, Lehmann, Anja. (2015)
Vertragsärztliche Tätigkeit – eine berufsrechtsfreie Zone?
Medizinrecht, 33, 8, S. 555–559.

Müller, Norbert, H. (2006)
Poolbeteiligung: Welches Modell ist empfehlenswert, wann entsteht ein Rechtsanspruch?
Chefärztebrief, 9, S. 6–7.

(Muster-) Berufsordnung für die in Deutschland tätigen Ärztinnen und Ärzte (MBO-Ä). (2015)
von 1997, in der Fassung des Beschlusses des 118. Deutschen Ärztetages vom 27.05.2015.

Nauck, Friedemann, Ostgathe, Christoph, Radbruch, Lukas. (2014)
Ärztlich assistierter Suizid. Hilfe beim Sterben – keine Hilfe zum Sterben.
Deutsches Ärzteblatt, 111, 3, S. A 67–71.

Oberländer, Willi. (2014)
Unternehmensberater und Coach: freiberufliche oder gewerbliche Tätigkeit.
http://www.existenzgruender.de/SharedDocs/BMWi-Expertenforum/Gruendungsplanung/Freie-Berufe/beratende-Taetig/Unternehmensberater-und-Coach-freiberufliche-oder-gewerbliche-Taetigke.html, Abruf am 21.05.2018.

Oehlers, Hans. (1996)
Die Kammern freier Berufe als Unternehmensvereinigungen.
Zur Anwendbarkeit kartellrechtlicher Einzeltatbestände auf hoheitliches Handeln zur Lösung eines Behördenkonflikts.
FIW- Schriftenreihe, Forschungsinstitut für Wirtschaftsverfassung und Wettbewerb e. V., Heft 166.
Köln, Carl Heymanns-Verlag.

Ollenschläger, Günter, Engelbrecht, Justina. (1995)
Ärztliche Pflichtfortbildung und Fortbildungsnachweis – Beiträge zur Qualitätssicherung in der Medizin?
Zeitschrift für ärztliche Fortbildung, 89, S. 179–183.

Ollenschläger, Günter, Thomeczek, C., Bungart, B., Lampert, U., Oesingmann, U., Kolkmann, F. W. (1999)
Leitlinien – Bedeutung, Verbindlichkeit und Qualität: Welche Problematik liegt in der Entwicklung und Einführung von Leitlinien?
Osnabrücker Studien, Fachhochschule Osnabrück, 16, S. 71–92.

Pflugmacher, Ingo. (2014)
Unternehmer sein und Arzt bleiben – welche gewerblichen Tätigkeiten sind dem Arzt erlaubt.
https://www.busse-miessen.de/files/Newsletter_5_2014_4.pdf, Abruf am 01.07.2017.

Pfriem, Reinhard. (2013)
Weltlosigkeit überwinden.
Zur Kritik des (nicht nur ökonomischen) modernen Menschenbildes und was daraus folgen könnte.
Zeitschrift für Wirtschafts- und Unternehmensethik, 14, 2, S. 195–217.

Preis, Ulrich. (2010)
Der Arzt zwischen grundrechtlicher Freiheit und staatlicher Regulierung.
Analyse und rechtspolitische Perspektiven.
MedR Medizinrecht 28, 3, S. 139–149.

Prütting, Dorothea. (2009)
Krankenhausgestaltungsgesetz Nordrhein-Westfalen.
Kommentar für die Praxis, 3. Auflage.
Stuttgart, Kohlhammer Deutscher Gemeindeverlag.

Reinhardt, Uwe. (1989)
Economists in Health Care: Saviors or Elephants in a Porcelain Shop?
American Economic Review, 79, S. 337–342.

rike. (2017)
Aus Meisterhand – oder lieber doch nicht?
In: Frankfurter Allgemeine Zeitung, 11.04.2017, 86, S. 17.

Rogler, Gerhard. (2009)
Im Spannungsfeld zwischen »Gesundheitsmarkt« und verantwortungsvoller Medizin. Der Patient als Kunde?
Schweizerische Ärztezeitung, 90, 25, S. 1009–1013.

Ruffert, Matthias. (2011)
Berufsrecht. Berufsaufsicht und Berufsgerichtsbarkeit.
In: Kluth, Winfried (Hrsg.),
Handbuch des Kammerrechts, 2. Auflage, S. 275–303.
Baden-Baden, Nomos Verlag.

Sauerbier, Cornelia. (2014)
Werberecht für Ärzte – Die rechtlichen Grenzen.
Handchirurgie – Mikrochirurgie – Plastische Chirurgie, 46, S. 125–131.

Schabram, Peter. (2010)
Delegation und Substitution: Vertragsärztliche Sicht.
In: Delegation und Substitution – wenn der Pfleger den Doktor ersetzt …
MedR Schriftenreihe Medizinrecht. Jorzig, Alexandra, Uphoff, Roland (Schriftleitung), Arbeitsgemeinschaft Rechtsanwälte im Medizinrecht (Hrsg.), S. 1–16.
Berlin / Heidelberg, Springer-Verlag.

Scheffler, Hauke. (2003)
Ärztliches Inkasso (I). Wenn der Patient nicht zahlt.
Tipps zur Durchsetzung ärztlicher Forderungen (die erste von zwei Folgen).
Deutsches Ärzteblatt, 100, 49, S. A 3257.

Scheffler, Hauke. (2003 a)
Ärztliches Inkasso (II). Wenn der Patient nicht zahlt.
Tipps zur Durchsetzung ärztlicher Forderungen (Fortsetzung aus DÄ, Heft 49 / 2003).
Deutsches Ärzteblatt, 100, 50, S. A 3329.

Schmidt-Trenz, Hans-Jörg. (2007)
Kammerrecht aus Sicht der ökonomischen Analyse.
In: Graf, Christian, Paschke, Marian, Stober, Rolf (Hrsg.),
Strategische Perspektiven des Kammerrechts.
In: Schriften aus dem Institut für Recht der Wirtschaft der Universität Hamburg, Stober, Rolf (Hrsg.).
Hamburg, Verlag Dr. Kovač.

Schneider, Udo. (1998)
Der Arzt als Agent des Patienten: Zur Übertragbarkeit der Principal-Agent-Theorie auf die Arzt-Patient-Beziehung.
Wirtschaftswissenschaftliche Diskussionspapiere, Ernst-Moritz-Arndt-Universität Greifswald, Rechts- und Staatswissenschaftliche Fakultät, Nr. 02 / 1998.

Schneider, Udo. (2001)
Ökonomische Analyse der Arzt-Patient-Beziehung: Theoretische Modellierung und empirische Ergebnisse.
Wirtschaftswissenschaftliche Diskussionspapiere, Ernst-Moritz-Arndt-Universität Greifswald, Rechts- und Staatswissenschaftliche Fakultät, Nr. 06/2001.

Schneider, Udo. (2002)
Theorie und Empirie der Arzt-Patient-Beziehung.
Zur Anwendung der Principal-Agent-Theorie auf die Gesundheitsnachfrage (Allokation im marktwirtschaftlichen System).
Frankfurt, Verlag Peter Lang.

Scholz, Karsten. (2013)
Ermittlungsbefugnisse von Ärztekammern.
Gesundheit und Pflege, S. 81–87.

Schütze, Bernd, Schrenk, Nikolaus, Koeppe, David, Kassner, Andreas. (2015)
Outsourcing und Fernwartung. Datenschutzrechtliche Anforderungen.
Deutsches Ärzteblatt, 112, 16, S. A 718-720.

Schulenburg, Dirk, Roßnagel, Luisa. (2015)
Freiberufliche oder gewerbliche Tätigkeit: Voraussetzungen und Folgen.
Rheinisches Ärzteblatt, 4, S. 18.

Schulenburg, Dirk, Eibl, Katharina. (2017)
Unzulässige Fremdwerbung für gewerbliche Unternehmen.
Rheinisches Ärzteblatt, 6, S. 24.

Schultheis, Franz. (2004)
Der Soziologe, der Arzt und die Diagnose alltäglichen Leidens in der neoliberalen Marktgesellschaft
PrimaryCare, 4, 5, S. 64–70.

Schupp, Oliver, Heiny Carsten. (2016)
Die wichtigsten Finanzkennzahlen für die Arztpraxis.
http://www.schupp-heiny.de/blog/wichtigste-kennzahlen-arztpraxis/, Abruf am 23.05.2018.

Smith, Adam. (1776)
An Inquiry into the Nature and Causes of the Wealth of Nations.
London, Strahan / Cadell.

Sozialgesetzbuch (SGB), Fünftes Buch (V) – Gesetzliche Krankenversicherung. (2017)
vom 20.12.1988 (Artikel 1, BGBl. I S. 2477, 2482), zuletzt geändert durch Artikel 4 des Gesetzes vom 14.08.2017 (BGBl. I S. 3214).

Stachwitz, Philipp, Albert, Jürgen, Juhra, Christian, Schöffski, Oliver. (2017)
Notfalldaten – Erstanlage funktioniert in der Praxis.
Deutsches Ärzteblatt, 114, 20, S. B 824–828.

Steven, Marion. (2018)
Substitution.
Ausführliche Definition.
https://wirtschaftslexikon.gabler.de/definition/substitution-49849/version-273075, Abruf am 24.05.2018.

Strafgesetzbuch (StGB). (2017)
vom 15.05.1871, in der Fassung der Bekanntmachung vom 13.11.1998 (BGBl. I S. 3322), zuletzt geändert durch Artikel 1 des Gesetzes vom 17.08.2017 (BGBl. I S. 3202).

Taupitz, Jochen. (1991)
Die Standesordnungen der freien Berufe.
Geschichtliche Entwicklung, Funktionen, Stellung im Rechtssystem.
Berlin / New York, Walter de Gruyter Verlag.

Taupitz, Jochen. (1997)
Ärztliche Selbstverwaltung an der Schwelle zum 21. Jahrhundert.
Deutsches Ärzteblatt, 94, 46, S. A 3078–3090.

Telemediengesetz (TMG). (2016)
vom 26.02.2007 (BGBl. I S. 179), zuletzt geändert durch Artikel 1 des Gesetzes vom 21.07.2016 (BGBl. I S. 1766).

Thielscher, Christian, Schulte-Sutrum, B. (2016)
Die Entwicklung der Arzt-Patienten-Beziehung in Deutschland in den letzten Jahren aus Sicht von Vertretern der Ärztekammern und der Kassenärztlichen Vereinigungen.
Gesundheitswesen, 78, S. 8–13.

Thiemeyer, Theo. (1981)
Gesundheitspolitik.
In: Handwörterbuch der Wirtschaftswissenschaft, 3. Band, S. 576–591.
Stuttgart / New York, Gustav Fischer-Verlag, Tübingen, J. C. B. Mohr-Verlag (Paul Siebeck-Verlag), Göttingen / Zürich, Vandenhoeck / Ruprecht-Verlag.

Thommen, Jean-Paul. (2018)
Erwerbswirtschaftliches Prinzip.
Definition.
https://wirtschaftslexikon.gabler.de/definition/erwerbswirtschaftliches-prinzip-33997, Abruf am 23.05.2018.

Ulbricht, Ellen. (2008)
Wenn Patienten nicht zahlen.
Forderungsbeitreibung für Ärzte, Zahnärzte und Heilberufe.
Berlin / Heidelberg, Springer-Verlag.

Umsatzsteuergesetz (UStG). (2017)
vom 26.11.1979, in der Fassung der Bekanntmachung vom 21.02.2005 (BGBl. I S. 386), zuletzt geändert durch Artikel 11 Absatz 35 des Gesetzes vom 18.07.2017 (BGBl. I S. 2745).

Verordnung über den Schutz vor Schäden durch Röntgenstrahlen (Röntgenverordnung – RöV). (2014)
vom 08.01.1987, in der Fassung der Bekanntmachung vom 30.04.2003 (BGBl. I S. 604), zuletzt geändert durch Artikel 6 der Verordnung vom 11.12.2014 (BGBl. I S. 2010).

Vertrag über die Arbeitsweise der Europäischen Union (AEUV). (2013)
in der Fassung aufgrund des am 01.12.2009 in Kraft getretenen Vertrages von Lissabon (konsolidierte Fassung bekanntgemacht im ABl. EG Nr. C 115 vom 09.05.2008, S. 47), zuletzt geändert durch die Akte über die Bedingungen des Beitritts der Republik Kroatien und die Anpassungen des Vertrags über die Europäische Union, des Vertrags über die Arbeitsweise der Europäischen Union und des Vertrags zur Gründung der Europäischen Atomgemeinschaft (ABl. EU L 112 / 21 vom 24.04.2012) m. W. v. 01.07.2013.

Vertrag über die Europäische Union (EU-Vertrag – EUV). (2013)
in der Fassung aufgrund des am 01.12.2009 in Kraft getretenen Vertrages von Lissabon (konsolidierte Fassung bekanntgemacht im ABl. EG Nr. C 115 vom 09.05.2008, S. 13), zuletzt geändert durch die Akte über die Bedingungen des Beitritts der Republik Kroatien und die Anpassungen des Vertrags über die Europäische Union, des Vertrags über die Arbeitsweise der Europäischen Union und des Vertrags zur Gründung der Europäischen Atomgemeinschaft (ABl. EU L 112 / 21 vom 24.04.2012) m. W. v. 01.07.2013.

Vogd, Werner. (2002)
Professionalisierungsschub oder Auflösung ärztlicher Autonomie ?
Die Bedeutung von Evidence Based Medicine und der neuen funktionalen Eliten in der Medizin aus system- und interaktionstheoretischer Perspektive.
Zeitschrift für Soziologie, 31, 4, S. 294–315.

Voigt, Tobias. (2013)
Individuelle Gesundheitsleistungen (IGeL).
In: Kölner Schriften zum Medizinrecht.
Katzenmeier, Christian (Hrsg.),
Berlin / Heidelberg, Springer-Verlag.

Weber, Max. (1922)
Wirtschaft und Gesellschaft. Grundriss der verstehenden Soziologie.
Tübingen, Mohr-Verlag.

Wehrheim, Michael, Wirtz, Holger. (2013)
Die Partnerschaftsgesellschaft.
Recht, Steuer, Betriebswirtschaft.
In: Rechtsformen der Wirtschaft, Band 15,
Fischer, Lutz, Breithecker, Volker. (Hrsg.), 5. Auflage.
Berlin, Erich Schmidt Verlag.

Witte, Tobias. (2017)
E-Health in der Praxis: Vergütung für Videosprechstunden.
der paragraph, kwm rechtsanwälte, Ausgabe 2/2017, S. 1–4.

Wohlfart, Cornelia, März, Winfried. (2017)
Das Gesetz zur Bekämpfung von Korruption im Gesundheitswesen.
Chancen und Risiken der §§ 299a und 299b StGB.
Der Klinikarzt, 46, S. 80–85.

Zatta, Danilo. (2017)
Das gleiche Produkt – zu unterschiedlichen Preisen.
Revenue Management: Zu selten werden Preise der Zahlungsbereitschaft der Kunden angepasst.
In: Frankfurter Allgemeine Zeitung, 02.01.2017, 1, S. 18.

von Zezschwitz, Friederike. (2016)
Ärztliche Suizidbeihilfe im Straf- und Standesrecht.
Das Strafrecht vor neuen Herausforderungen.
Berlin, Logos Verlag.

Zimmermann, Gerd. (2017)
EBM-Nr. 03 230: Vorsicht, Regress!
Abrechnung und ärztliche Vergütung.
Medical Tribune, 13.04.2017.

Zulassungsverordnung für Vertragsärzte (Ärzte-ZV). (2017)
vom 28.05.1957, in der im Bundesgesetzblatt Teil III, Gliederungsnummer 8230-25, veröffentlichten bereinigten Fassung, zuletzt geändert durch Artikel 6 der Verordnung vom 07.07.2017 (BGBl. I S. 2842).

ABKÜRZUNGSVERZEICHNIS

Abb.	Abbildung
Abs.	Absatz
AGB	Allgemeine Geschäftsbedingungen
Alt.	Alternative
Ärzte-ZV	Zulassungsverordnung für Vertragsärzte
AEUV	Vertrag über die Arbeitsweise der Europäischen Union
AMG	Arzneimittelgesetz
Art.	Artikel
Az.	Aktenzeichen
BÄK	Bundesärztekammer
BÄO	Bundesärzteordnung
BDSG	Bundesdatenschutzgesetz
BFH	Bundesfinanzhof
BGB	Bürgerliches Gesetzbuch
BGBl.	Bundesgesetzblatt
BGH	Bundesgerichtshof
BMV-Ä	Bundesmantelvertrag-Ärzte
BO	Berufsordnung
BO-Ä NRW	Berufsordnung der nordrheinischen Ärztinnen und Ärzte
BSG	Bundessozialgericht
BtMG	Betäubungsmittelgesetz
BVerfG	Bundesverfassungsgericht
BW	Baden-Württemberg
bzw.	beziehungsweise
d. h.	das heißt
d. ö. R.	des öffentlichen Rechts
DRG	Diagnosis Related Group
d. Verf.	der Verfasser (hat dies ergänzt)
EBM	Einheitlicher Bewertungsmaßstab
EGG	Gesetz über rechtliche Rahmenbedingungen für den elektronischen Geschäftsverkehr (Elektronischer Geschäftsverkehr-Gesetz)
eGK	elektronische Gesundheitskarte
EStG	Einkommenssteuer-Gesetz
etc.	et cetera (»und die übrigen [Punkte]«)

EuGH	Europäischer Gerichtshof
EUV	EU-Vertrag
GBA	Gemeinsamer Bundesausschuss
GbR	Gesellschaft bürgerlichen Rechts
GewO	Gewerbeordnung
GG	Grundgesetz
ggf.	gegebenenfalls
GKV	Gesetzliche Krankenversicherung
GKV-OrgWG	Gesetz zur Weiterentwicklung der Organisationsstrukturen in der gesetzlichen Krankenversicherung
GmbH	Gesellschaft mit beschränkter Haftung
GOÄ	Gebührenordnung für Ärzte
GWB	Gesetz gegen Wettbewerbsbeschränkungen
HWG	Heilmittelwerbegesetz
i. A.	im Allgemeinen
i. d. R.	in der Regel
IGeL	Individuelle Gesundheitsleistungen
i. S.(d.)	im Sinne (des / der)
i. V. m.	in Verbindung mit
KBV	Kassenärztliche Bundesvereinigung
KHG	Gesetz zur wirtschaftlichen Sicherung der Krankenhäuser und zur Regelung der Krankenhauspflegesätze (Krankenhausfinanzierungsgesetz)
KHGG NRW	Krankenhausgestaltungsgesetz des Landes Nordrhein-Westfalen
KV	Kassenärztliche Vereinigung
LG	Landgericht
LSG	Landessozialgericht
MBO-Ä	Musterberufsordnung für die in Deutschland tätigen Ärztinnen und Ärzte
MPG	Medizinprodukte-Gesetz
MVZ	Medizinisches Versorgungszentrum
m. W. v.	mit Wirkung vom
NRW	Nordrhein-Westfalen
o. g.	oben genannt(e / r)

OLG	Oberlandesgericht
PartGG	Partnerschaftsgesellschaftsgesetz
PKV	private Krankenversicherung
Rn.	Randnummer
RöV	Röntgenverordnung
s.	siehe
S.	Satz
SGB	Sozialgesetzbuch
sog.	sogenannte(r)
StGB	Strafgesetzbuch
TMG	Telemediengesetz
u. a.	unter anderem
UStG	Umsatzsteuergesetz
UWG	Gesetz gegen den unlauteren Wettbewerb
v.	von / vom
VG	Verwaltungsgericht
vgl.	vergleiche
WBO	Weiterbildungsordnung
Z.	Ziffer
z. B.	zum Beispiel